나를 돋보이게 하는 콘텐츠 개발

YouTube 핫핫스타
유튜브
크리에이터 되기

초판 발행일 | 2018년 11월 15일
지은이 | 창의콘텐츠연구소
펴낸이 | 박재영
총편집인 | 이준우
기획진행 | 최윤희

㈜해람북스 **주소** | 서울시 마포구 양화로 125 8층 (서교동, 경남관광빌딩)
문의전화 | 02-6337-5419 팩스 02-6337-5440
홈페이지 | http://www.hrbooks.co.kr

발행처 | (주)에듀파트너 **출판등록번호** | 제2016-000047호

ISBN 979-11-88450-26-8 13000

이 책은 저작권법에 따라 보호받는 저작물이므로 무단전제와 무단복제를 금지하며,
이 책 내용의 전부 또는 일부를 이용하려면 반드시 저작권자와 (주)에듀파트너의 서면동의를 받아야 합니다.

※ 잘못된 책은 바꾸어 드립니다.
※ 책 가격은 뒷면에 있습니다.

등장인물 소개

천조아
어린이 유튜브 크리에이터를 꿈꾸는 아이
친구들이 좋아하는 먹방, 장난감, 게임 등 다양한 주제를 담은 채널을 만들어 또래 구독자의 마음을 사로잡을 계획을 세우고 있다.

백만점
유튜브를 시작한 지 6개월이 된 아이
코딩으로 게임 만들기가 취미이며, 주로 일상 체험이나 게임 동영상을 업로드하고 있다. 백만 명의 구독자가 생기는 날까지 꾸준하게 유튜브에 동영상을 업로드할 계획을 세우고 있다.

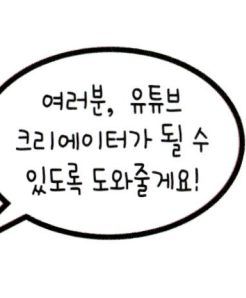
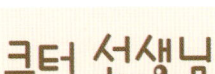

여러분, 유튜브 크리에이터가 될 수 있도록 도와줄게요!

크터 선생님
'유튜브의 달인'으로 통하는 선생님
현재 유튜브 크리에이터가 되는 방법을 주제로 한 동영상을 만들어 업로드하고 있다. 유튜브에 대해 질문하는 사람이 더욱 많아졌으면 좋겠다는 희망을 갖고 있다.

CONTENTS 이 책의 차례

Chapter 1 You+Tube: 너의 텔레비전 — 007
1. 유튜브에 대해 알아보기 — 009
2. 유튜브가 유명해진 이유 — 010
3. 재미있는 유튜브 채널 찾아보기 — 012

Chapter 2 나도 유튜버가 되고 싶어! — 015
1. 초보 크리에이터를 위한 채널 찾아 구독하기 — 016
2. 우리나라에서 유명한 유튜브 채널 찾아보기 — 018
3. 즐겨 보는 유튜브 콘텐츠 분석하기 — 022
4. 나만의 유튜브 채널 이름 정하기 — 023

Chapter 3 콘텐츠가 필요해 — 027
1. 콘텐츠 소재 찾기 — 028
2. 콘텐츠 소재 검토하기 — 030
3. 대본 만드는 방법 알기 — 031
4. 스스로 대본 작성하기 — 032

Chapter 4 동영상 편집 프로그램 — 033
1. 동영상 편집 프로그램 설치·확인하기 — 034
2. 동영상 캡처 프로그램 설치·확인하기 — 039

Chapter 5 멋진 동영상 편집 기술 — 042
1. 불필요한 화면 자르기 — 043
2. 화면 전환 효과로 고퀄리티 영상 만들기 — 046
3. 동영상의 속도 조절하기 — 049

Chapter 6 동영상 합치고 작은 동영상 넣기 — 051
1. 여러 개의 동영상 합치기 — 052
2. 동영상에 효과 추가하기 — 054
3. 완성한 동영상에 작은 화면의 소개 동영상 추가하기 — 056

Chapter 7 동영상에 자막 넣기 — 059
1. 쉽고 재미있게 자막 만들기 — 060
2. 동영상에 자막 넣기 — 068

Chapter 8 나만의 로고를 만들기 — 071
1. 채널을 알리는 로고 만들기-파워포인트 활용 — 072
2. 동영상에 로고 넣기 — 079

CONTENTS
이 책의 차례

Chapter 9 동영상에 음악과 음성 넣기 — 081
1. 나만의 효과음 만들기 — 082
2. 인터넷에서 필요한 '효과음' 찾기 — 084
3. 인터넷에서 '배경 음악' 찾기 — 086
4. 동영상에 음악과 음성 넣기 — 088

Chapter 10 나만의 스타일로 인트로 동영상 만들기 — 090
1. 나만의 캐릭터 만들기 — 091
2. 배경 이미지 만들기(파워포인트 활용) — 093
3. 인트로 자막 만들기(파워포인트 활용) — 095
4. 인트로 동영상 완성하기 — 097

Chapter 11 동영상을 꾸미는 여러 가지 방법 — 099
1. 인터넷에서 마음에 드는 화면 효과 다운로드하기 — 100
2. 화면 재생 속도 조절하기 — 103

Chapter 12 교육용 학습 채널 만들기 — 106
1. 학습 미디어 'code.org'에 대해 알아보기 — 107
2. 학습 미디어 소개 방법 결정하기 — 109
3. 촬영 전 대본을 완성하고 미디어 제목 결정하기 — 112

Chapter 13 코드.org 동영상 맘대로 촬영하기 — 113
1. 반디캠 활용 방법 배우기 — 114
2. 동영상의 장면을 나누어 촬영하기 — 116

Chapter 14 다양한 방법으로 편집하고 꾸미기 — 119
1. 인트로 화면 만들기 — 120
2. 본문 동영상 꾸미기 — 127

Chapter 15 유튜브에 동영상 업로드하기 — 129
1. 유튜브 채널 만들기 — 130
2. 동영상 업로드하기 — 133

Chapter 16 동영상에 다음 편 동영상 홍보하는 방법 알기 — 135
1. 최종 화면 및 특수 효과 추가하기 — 136

CONTENTS
이 책의 차례

Chapter 17 다양한 홍보 동영상 만들기 1 143
1. 동영상 중간에 홍보 카드 담기 ········ 144

Chapter 18 다양한 홍보 동영상 만들기 2 148
1. 주제별 재생 목록 만들어 홍보하기 ········ 149
2. 나만의 스타일로 '채널 홈' 꾸미기 ········ 151

Chapter 19 먹방으로 광고 만들기 158
1. 촬영 준비하기(기획서/콘티 작성) ········ 159
2. 먹방 동영상과 배경 음악 다운로드하기 ········ 161
3. 소리(효과음, 배경 음악)와 PiP 개체 마음껏 활용하기 ········ 163
4. 동영상을 편집하고, 업로드하기 ········ 164

Chapter 20 교차 편집 뮤직비디오 만들기 166
1. 촬영 준비하기(기획서/콘티 작성) ········ 167
2. 여러 개의 동영상이 한 동영상처럼 보이게 교차 편집하기 ········ 169

Chapter 21 만화 동영상 만들기 174
1. 촬영 준비하기(기획서/콘티 작성) ········ 175
2. 〈마인월드의 왕자〉 만화 동영상 만들기 ········ 177

Chapter 22 재미있는 게임 티저 만들기 184
1. 촬영 준비하기(기획서/콘티 작성) ········ 185
2. 게임 영상 촬영하기 ········ 187
3. 음성 변환 사이트에서 성우 목소리 녹음하기 ········ 188
4. 동영상을 편집하고, 업로드하기 ········ 190

Chapter 23 귀여운 동물 짤방 만들기 193
1. 촬영 준비하기(기획서/콘티 작성) ········ 194
2. 실감 나는 자막 만들기 ········ 196

Chapter 24 공익 광고 만들기 201
1. 촬영 준비하기(기획서/콘티 작성) ········ 202
2. 동영상 장면에 대한 의견 나누기 ········ 204

Chapter 1

You+Tube:
너의 텔레비전

[유튜브 스타 되기 STEP 1]
1. 유튜브에 대해 알아보기
2. 유튜브가 유명해진 이유
3. 재미있는 유튜브 채널 찾기

▶ 핫핫 구독하기

유튜브에 대해 알아보고, 유튜브 사이트에서 재미있는 콘텐츠를 찾아봅니다.

유튜브가 뭐길래?

1 유튜브에 대해 알아보기

유튜브에는 다양하고 재미있는 동영상이 많다고 들었어요. 이러한 동영상이 매일매일 새롭게 업로드되는 유튜브에 대해 알아보고 싶어요.

유튜브는 당신을 뜻하는 'You'와 브라운관(텔레비전)을 나타내는 'Tube'가 합쳐진 말로 구글에서 운영하는 세계 최대의 동영상 사이트입니다. 동영상은 계정만 있으면 누구나 업로드할 수 있고요. 다른 게시자가 업로드한 동영상은 계정이 없어도 시청이 가능합니다. 유튜브는 세계 최대 동영상 사이트답게 하루 비디오 조회수가 약 '1억'이나 된다고 합니다.

▶ 유튜브의 시작은 언제일까요?

유튜브는 페이팔 직원이었던 '채드 헐리, 스티브 첸, 자베드 카림'이라는 사람들이 만든 회사입니다. 이 세 명은 친구들에게 파티 비디오를 나누어 주기 위해 보다 쉬운 방법으로 동영상을 공유하는 기술을 생각해 냈습니다. 그리고 2005년에 유튜브의 시작이 되는 동영상 공유 사이트를 만들었습니다.

▶ 유튜브 최초의 동영상은?

2005년 4월 23일 '자베드 카림'은 많은 친구들에게 자신이 경험한 내용을 공유하기 위해 코끼리를 배경으로 한 약 19초 분량의 동영상을 제작하여 업로드했습니다.

"코끼리 앞이고, 정말 코가 길고 멋있다······."라고 말하고 있는 이 동영상의 제목은 〈Me at the zoo(나 동물원이야)〉이랍니다. 특별한 내용과 연출 없이 쭈뼛거리는 것처럼 보이기도 한 동영상이지만, 누구나 쉽게 동영상을 업로드할 수 있는 유튜브의 성격이 잘 드러난 동영상이기도 하답니다.

함께 뿜뿜

- 유튜브에서 동영상 〈Me at the zoo〉를 찾아볼까요?

- 채널의 내용을 써 보세요.
  ① 채널 이름 :
  ② 동영상 주소 :

- 〈Me at the zoo〉를 감상한 느낌을 써 보세요.

2 유튜브가 유명해진 이유

유튜브는 처음 시작할 때부터 많은 사람들에게 인기가 있었나요?

유튜브의 처음 시작 때인 2005년에는 동영상 촬영과 편집하기가 어려워 많은 사람들이 이용하기가 어려웠습니다. 유튜브의 한국어 서비스는 2008년 1월 23일부터 시작되었습니다. 한국에서도 처음에는 동영상 업로드가 활발하게 이루어지지는 않았답니다.

▶ 유튜브는 왜 유명해졌을까요?

지금은 거의 모든 사람이 스마트폰을 사용하는 시대입니다. 스마트폰 안의 다양한 기능의 앱을 통해 동영상을 촬영하고 편집하기에 편리해졌지요.

동영상 촬영은 카메라 앱을 사용하면 되고, 편집 또한 간단한 편집 기능을 갖춘 앱을 사용하여 쉽게 할 수 있습니다. 그리고 데이터를 이용해 바로 유튜브로 업로드할 수 있게 되어, 사람들은 자신의 이야기를 나눈다거나 지식을 쉽게 공유할 수 있게 되었습니다. 이처럼 동영상을 만들어 업로드하는 과정이 쉽고 편리해지면서 유튜브에 동영상을 업로드하는 사람들이 많아졌답니다. 더 나아가 구독자들의 반응과 호응을 통해 유튜브 채널의 인기를 확인할 수도 있으니, 매력적인 미디어로 소문이 났겠지요?

 유튜브의 매력

❶ 모든 분야의 지식이 넘쳐 납니다.
공부하는 중에 잘 모르는 내용이 있다면 유튜브에서 검색해 보세요. 문제 풀이에 대한 많은 자료들을 빠르게 찾아볼 수 있습니다. 유튜브에는 다양한 분야의 강의가 업로드되어 있어 학원에 다니지 않아도 관심 있는 분야의 학습을 쉽게 할 수 있습니다.

❷ 재미가 넘쳐 납니다.
하루에 수도 없는 새로운 콘텐츠가 유튜브에서 공유되기 때문에 봐도 봐도 끝이 없는 다양한 콘텐츠로 인해 하루가 어떻게 지나가는지 모를 정도로 재미있습니다.

❸ 소통이 가능합니다.
유튜브 크리에이터와 네티즌들은 TV와는 다르게 댓글이나 채팅으로 소통이 가능하기 때문에 방송에 재미를 더합니다.

▶ 콘텐츠 사이트(플랫폼) 소개

요즘은 동영상을 공유하는 사이트가 많아지고 있는 추세입니다. 유명한 음식점이나 길거리를 다니다 보면 거치대에 스마트폰을 꽂고, 이동하면서 방송을 하는 크리에이터를 종종 보게 됩니다. 이들이 콘텐츠를 업로드하는 사이트는 다음과 같이 다양합니다.

❶ **아프리카 TV** : 크리에이터라면 누구나 알고 있는 유명한 사이트로 많은 BJ들이 활동하고 있습니다.

❷ **카카오 TV** : 카카오가 출시한 라이브 방송과 카카오톡 오픈 채팅을 연결한 종합 동영상 서비스입니다.

❸ **팟캐스트** : 오디오 콘텐츠를 공유하는 사이트로 다양한 지식이나 재미있는 이야기를 라디오 형식으로 제공합니다.

❹ **페이스북, 트위터** : 동영상을 재미있게 편집하여 업로드할 수 있습니다.

이와 같은 사이트처럼 네티즌과 만나 소통할 수 있다면 어디든 동영상을 업로드하여 콘텐츠를 공유할 수 있습니다.

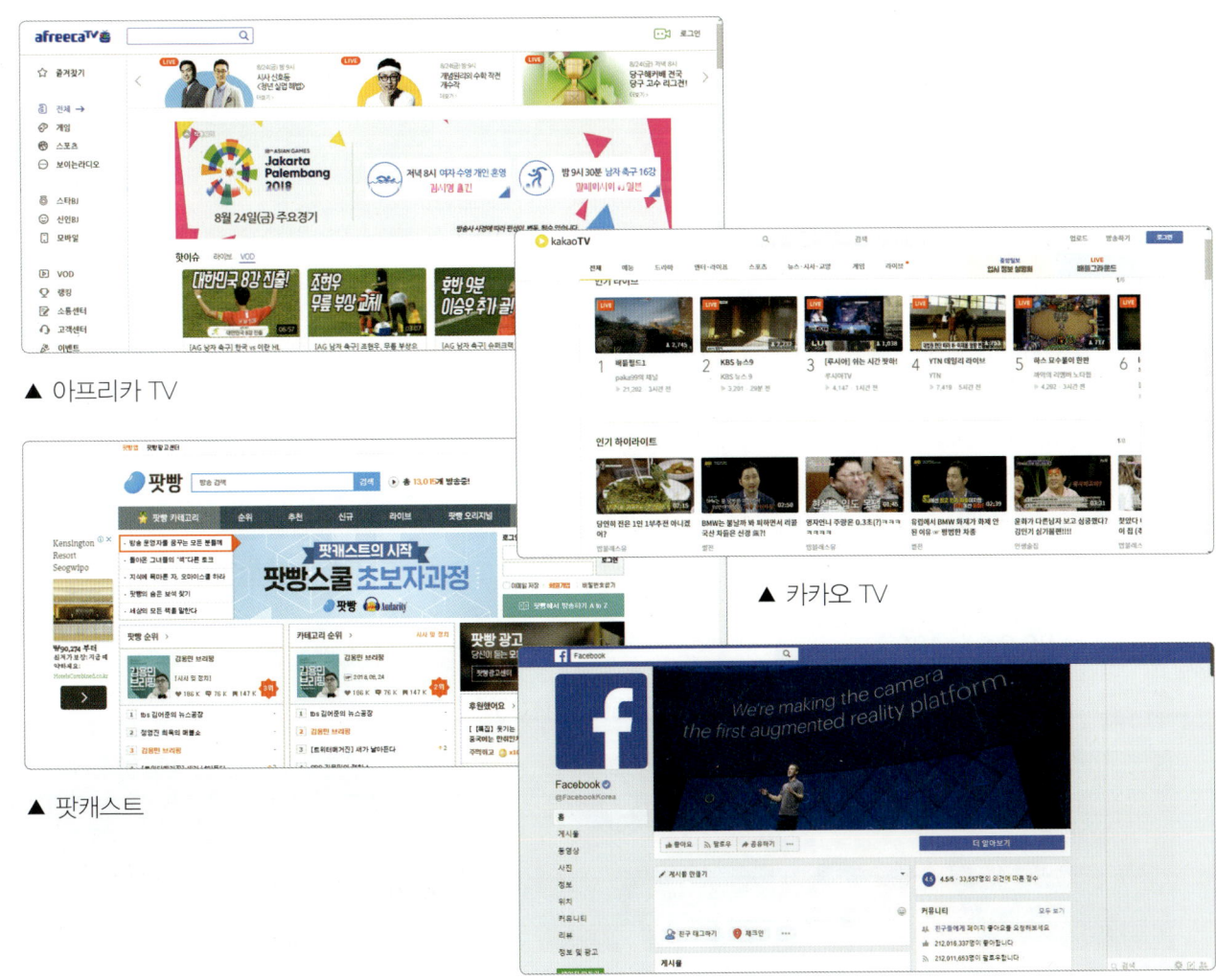

▲ 아프리카 TV

▲ 카카오 TV

▲ 팟캐스트

▲ 페이스북

3 재미있는 유튜브 채널 찾아보기

 유튜브에는 기분이 울적한 친구를 신나게 웃겨 줄 수 있는 동영상도 있나요? 그렇다면 어떻게 찾아야 하나요?

 재미있는 채널을 소개해 볼까요? 요즘에는 다양한 TV 프로그램에서 재미있는 부분만 모으는 방식으로 편집하여 유튜브에 공유하는 프로그램들이 많이 생겼습니다.

채널 VIVO TV

주소 https://www.youtube.com/channel/UCReO0narAXjFs59KFqqtE8g

 **팟캐스트에서 시작한 라디오!**

비밀을 보장해 준다는 콘셉트로 청취자들의 고민을 듣고 해결해 주는 프로그램입니다. 실제 라디오 방송 중 재미있었던 부분만 편집하여 동영상과 함께 유튜브에 공유하고 있는데요. 청취자들에게 높은 인기도를 쌓으며 공중파 SBS 라디오에 진출하게 되었습니다.

채널 SBS Radio100

주소 https://www.youtube.com/user/SBSradio100

컬투쇼 UCC

SBS 라디오 컬투쇼는 청취자가 보낸 사연을 UCC로 제작하는 콘테스트를 진행하는데요. 이 중 재미있는 영상들을 컬투쇼 UCC로 유튜브에 공유합니다. UCC로 제작하니 듣는 재미에 보는 재미까지 더해져 보는 내내 웃음이 그치지 않습니다.

채널 KBSN Channel

주소 https://www.youtube.com/channel/UCr0adenI5KeQFJkMIGjq5qw

짧고 재미있는 유용한 정보!

짧고 재미있고 유용한 정보를 다루는 '양세형의 짤방 공작소' 채널입니다. 네티즌들이 만든 영상을 개그맨 양세형이 소개하는 채널입니다. 이 채널에서는 감동과 재미를 느낄 수 있는 짤방을 시청할 수 있습니다.

채널 애니멀봐(동물농장)

주소 https://www.youtube.com/channel/UC22go5LdQEw-iDuxFb4C0hw

보기만 해도 힐링이 되는 귀여운 동물 천국!

기분이 울적할 때 동물들의 귀여운 애교를 보면 어떨까요? 동물들과 매순간 교감한 동물농장의 명장면을 유튜브의 〈애니멀봐〉에서도 만나 볼 수 있습니다.

▶ 자신이 찾아본 채널 중에 친구들에게 소개해 주고 싶은 채널의 내용을 써 보세요.

● 첫 번째 채널

채널 이름	
채널 주소	
콘텐츠 내용	
콘텐츠를 보고 느낀 점	

● 두 번째 채널

채널 이름	
채널 주소	
콘텐츠 내용	
콘텐츠를 보고 느낀 점	

● 세 번째 채널

채널 이름	
채널 주소	
콘텐츠 내용	
콘텐츠를 보고 느낀 점	

나도 유튜버가 되고 싶어!

[유튜브 크리에이터 되기 STEP 2]
1. 초보 크리에이터를 위한 채널 찾아 구독하기
2. 우리나라에서 유명한 유튜브 채널 찾아보기
3. 즐겨 보는 유튜브 콘텐츠 분석하기
4. 나만의 유튜브 채널 이름을 정하기

▶ 핫핫 구독하기

처음 유튜브를 시작하는 크리에이터에게 도움이 되는 채널을 찾아보고, 유튜브 채널의 트렌드를 알아봅니다.

1 초보 크리에이터를 위한 채널 찾아 구독하기

유튜브 크리에이터가 되려면 어떻게 해야 되나요? 저는 그냥 어렵게만 느껴져요.
크터 선생님! 도와주세요.

처음 유튜브를 만드는 친구들을 위해 유용한 웹 페이지를 소개해 볼게요. 처음이라고 겁내지 말고 천천히 따라하다 보면 어느새 친구들도 크리에이터가 되어 있을 거예요.

▶ YouTube 크리에이터 아카데미

크리에이터 아카데미는 크리에이터들에게 창조적인 일의 계기와 도전 과제를 제시합니다. 처음 크리에이터에 도전하는 친구들이나 또는 이미 도전을 시작한 친구들에게도 크리에이터로서의 실력을 향상하고 새로운 내용을 배울 수 있는 여러 과정들이 있습니다.

`채널` YouTube Creators

`주소` https://creatoracademy.youtube.com/

▶ YouTube 오프라인 강의

2017년 한국에서 오프라인으로 진행된 '유튜브 위크'에서는 크리에이터들의 채널 운영에 활용할 수 있는 노하우와 영상 기획, 트렌드까지 집중적인 교육을 진행했었는데요. 이러한 오프라인 교육(이벤트)의 경우 유튜브가 정한 구독자수를 넘긴 채널의 크리에이터들만 참가할 수 있습니다. 또한 유튜브 스페이스 제작 스튜디오의 실시간 방송 시설을 사용하려면 5만 명 이상의 팬을 보유하고 있어야 합니다.

▶ 유튜브랩

유튜브랩은 유튜브 '교육 전문 채널'이라는 콘텐츠를 가지고 있는 채널입니다. 혼자서 유튜브 동영상을 만들고, 구독자 수를 늘리는 방법에 대한 정보와 지식을 친절하게 알려 줍니다.

채널 유튜브랩(Youtubelab)

주소 https://www.youtube.com/channel/UCgUwmztfVmQ0E9Enm1e-65g

유튜브랩 중대발표 현장! 모두 재생
유튜브랩의 주요 이슈를 여러분에게 알려드리고 함께 나누는 자리입니다.

    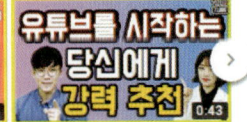

커피캣 강민형 선생님의 유튜브 강의 모두 재생
유튜브랩 대표 강민형 강사의 쉽고 정직한 유튜브 강의! 커피캣(=강민형)이 여러분의 유튜브 채널 성장을 응원합니다 ^^

CHAPTER 02 나도 유튜버가 되고 싶어! _**017**

2 우리나라에서 유명한 유튜브 채널 찾아보기

 크터 선생님! 유튜브 채널의 트렌드를 알고 싶어요! 그 다음에 따라서 만들어 보고 싶기도 해요. 우리나라에서 유명한 유튜브 채널에는 어떤 것들이 있나요?

 우리 친구들이 좋아할 만한 유튜브 채널을 살펴볼까요? 친구들이 좋아하는 게임채널 뿐만 아니라 다양한 분야의 채널을 소개할게요.

 도티 TV - 200만 명 이상의 팬 보유

주소 https://www.youtube.com/user/tvddotty

'마인크래프트'를 사랑하는 친구들에게 인기가 좋은 도티 TV는 도티, 잠뜰, 쵸쵸우, 칠각별, 수현, 코아님이 '마인크래프트'의 게임 영상을 제작하여 공유하는 채널입니다. 도티 TV의 캐릭터들은 10대 친구들에게 엄청난 인기를 얻고 있습니다.

   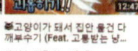

 양띵 유튜브 - 170만 명 이상의 팬 보유

주소 https://www.youtube.com/user/d7297ut

양띵 유튜브는 10대 친구들에게 사랑을 받고 있는 '마인크래프트' 콘텐츠로 미니 게임, 모드 리뷰, 탈출맵, 창작 콘텐츠 등의 영상을 업로드합니다. 그 외에도 온라인·모바일·플래시 게임도 업로드되고 있어 이 채널 역시 많은 친구들에게 엄청난 인기를 얻고 있습니다.

| 채널 | 대도서관 TV(buzzbean11) - 1인 미디어의 선구주자 대도서관 |
| 주소 | https://www.youtube.com/user/BuzzBean11 |

초등학생부터 성인들까지 대도서관을 모르는 사람은 없을 듯합니다. 그 정도로 많은 인기를 얻고 있는 대도서관은 다양한 게임을 방송하는 채널입니다. 대도서관은 게임 채널 이외에도 '대도서관의 수다방', '달콤대도' 채널 등 다양한 콘텐츠를 운영하고 있습니다.

| 채널 | 밴쯔 - 맛있게 많이 먹는 먹방 |
| 주소 | https://www.youtube.com/user/eodyd188 |

대식가로 위대한 위를 가지고 있는 밴쯔는 보통 사람이 먹는 양보다 훨씬 많은 양의 음식을 인상 한 번 찡그리지 않고 아주 맛있게 먹는 채널로 유명합니다. 밴쯔가 음식을 먹고 있는 영상을 보면 입안에 군침이 생길 정도입니다.

채널 [토이푸딩] ToyPudding TV - 1800만 명의 팬을 갖고 있는 유아 콘텐츠

 주소 https://www.youtube.com/user/toypudding

장난감을 가지고 노는 모습이 담겨 있는 채널입니다. 이 채널의 동영상은 보통의 다른 채널의 동영상과 달리 진행자가 말을 하지 않습니다. 배경 음악과 효과음 소리만 나지요. 장난감을 소개하면서 상황 극을 연출하는 진행 방식의 채널입니다.

 채널 헤이지니 Hey Jini - 어린이들의 마음을 사로잡은 헤이지니!

주소 https://www.youtube.com/channel/UCdet8uJfTFlACtY05BQmJ1Q/videos

유치원생부터 초등학생에게까지 지속적인 인기를 누리고 있는 헤이지니는 '장난감을 이렇게 재미있게 가지고 놀 수 있나?' 하는 생각이 들 정도로 재미있게 장난감을 가지고 놉니다. 그 외에도 체험, 만들기 동영상 등을 업로드하여 볼거리가 가득한 채널입니다.

채널 허팝Heopop - 궁금증을 풀어 드리는 허팝!

주소 https://www.youtube.com/user/heopopfamily

궁금한 건 못 참습니다! 우리 친구들의 호기심을 풀어 주는 채널! 액체 괴물로 수영장도 만들고, 대형 수영장을 집안에 설치해 보기도 하는 동영상을 만들어 업로드하고 있습니다. 요즘 유행하는 건 전부 체험하거나 제작해 결과물을 공유하는 채널입니다.

채널 박막례 할머니 Korea Grandma - 인생은 박막례처럼!

주소 https://www.youtube.com/channel/UCN8CPzwkYiDVLZlgD4JQgJQ

 **영화보다 더 영화 같은 박막례 할머니의 인생은 아름다워!**

할머니의 일상을 다루는 채널로 한번 보면 빠져나올 수 없는 마성의 매력이 넘치는 채널입니다.

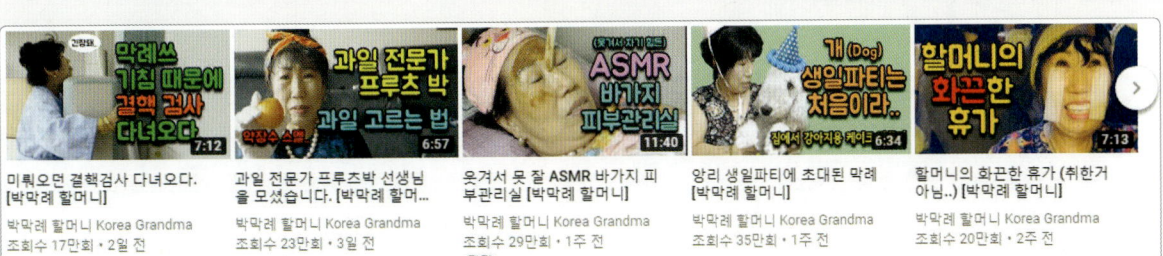

CHAPTER 02 나도 유튜버가 되고 싶어! _ **021**

3 즐겨 보는 유튜브 콘텐츠 분석하기

유튜브 채널은 어떻게 만드는 것이 좋을까요? 어떤 콘텐츠를 개발하면 재미있게 만들 수 있을까요? 잘 떠오르지 않아요.

콘텐츠를 제작할 때에는 '사람들이 어떤 아이템을 좋아할까?'를 생각하는 것도 중요하지만 자신이 좋아하는 아이템이 무엇인지를 먼저 생각해야 합니다. 유튜브에서 주로 어떤 콘텐츠에 관심을 갖고 있는지 생각해 보세요. 자신이 좋아하는 아이템과 관련된 내용인가요? 또한 콘텐츠는 일정한 날짜를 정해 두고 공유하는 것이 중요합니다. 정해진 날짜는 구독자들과의 약속이니 성실하게 지켜야 하겠죠? 정해진 아이템이 있다면, 동영상으로 만들기에 지루하거나 어려운 내용이 아닌지 확인하는 것도 잊지 마세요!

▶ 즐겨 보는 콘텐츠를 분석하여 써 보세요.

1. 좋아하는 콘텐츠는?

2. 좋아하는 진행 스타일은?

3. 좋아하는 자막과 대사 스타일은?

4. 좋아하는 콘텐츠 영상의 길이는?

5. 좋아하는 콘텐츠를 구독하는 사람들의 나이는?

4 나만의 유튜브 채널 이름 정하기

즐겨 보는 채널의 콘텐츠를 분석해 보니, 만들고 싶은 콘텐츠 스타일이 떠올랐어요. 빨리 나만의 채널을 만들고 싶어요! 크터 선생님 채널을 만들 수 있도록 도와주세요!

그렇다면 '채널'에 대해 조금 더 알아보도록 하죠. 우리가 말하는 유튜브 채널은 'SBS', 'KBS', 'MBC'와 같은 TV 방송 채널과 같다고 생각하면 쉽습니다. 업로드한 동영상이 모여 있는 곳이지요. 이와 같은 채널은 TV 방송의 채널과 같이 여러 개 만들어 관리할 수 있답니다. '채널'의 이름은 자신만의 콘텐츠를 잘 나타낼 수 있는 이름이면 좋겠죠? 누구나 '채널' 이름만 보고도 "아! 내가 찾던 영상이야!" 하는 반응이 나올 수 있도록 말이죠!

▶ 다음 내용을 참고하여 '나만의 채널' 이름을 만들어 보세요.

1. 나만의 채널 분위기를 나타낼 수 있는 이름을 찾아봅니다. 채널 이름 '캐리의 장난감 친구들'을 통해 장난감을 소개하거나 놀이를 하는 채널이라는 것을 추측할 수 있습니다.
2. 동영상의 공통된 주제를 나타낼 이름을 찾아봅니다. 채널 이름 '먹방 밴쯔'를 통해 먹방을 주제로 한 채널이라는 것을 추측할 수 있습니다.
3. 영상 진행 방법에 따른 이름을 찾아봅니다. 채널 이름 '대도서관의 수다방'을 통해 대도서관과 구독자가 대화를 하는 방식으로 진행하는 것을 추측할 수 있습니다.
4. 별명이나 실제 이름과 비슷한 이름을 찾아봅니다. '허팝'이나 '양띵', '악어'처럼 별명이나 자신을 나타낼 수 있는 단어를 만들어 사용해도 좋습니다.

▶ 유튜브 채널 이름 후보 나열해 보기

생각나는 채널 이름을 모두 써 봅니다. 그리고 나열된 이름 중 가장 마음에 드는 이름을 골라 봅니다.

▶ 나만의 채널 이름 정하기

많은 채널 이름 후보 중에 구독자가 "아! 이 콘텐츠는 이런 내용을 담고 있구나. 이런 스타일이구나." 혹은 "아! 이런 사람이 만들고 있구나!"라는 것을 알 수 있도록 이름을 정하여 써 봅니다.

채널 이름	

* 정해진 이름은 15강에서 채널을 만들 때 사용합니다.

초 간단 스튜디오 만들기

유튜브 동영상을 만들기 위한 장비 설치는 어떻게 하는 것이 좋을까요?

1인 미디어를 시작하는 친구들이 처음부터 고가의 장비를 갖출 필요는 없습니다. 동영상을 촬영할 때에는 촬영이 가능한 '카메라'와 목소리를 담을 수 있는 '마이크', 그리고 카메라를 고정시킬 '거치대'만 있으면 됩니다.

초 간단 스튜디오를 만들 수 있는 촬영 장비에는 어떤 것들이 있는지 알아볼까요?

▶ 스마트폰

우리에겐 좋은 앱을 사용할 수 있는 카메라가 있어요.
과연, 무엇일까요? 항상 손에 들고 다니는 그것! 바로 스마트폰입니다.
스마트폰만 있다면 어디에서든 간편하게 동영상을 마음껏 찍을 수 있습니다.

▲ 스마트폰

▶ 거치대

거치대는 동영상을 촬영할 때 스마트폰을 고정시킬 수 있는 장비입니다. 이 중 셀카봉은 주로 이동하면서 촬영할 때 사용하고, 삼각대는 고정된 상태로 촬영할 때 주로 사용합니다.

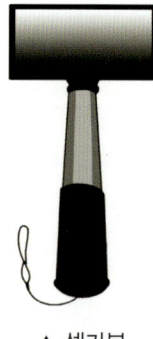   

▲ 셀카봉   ▲ 삼각대

- **삼각대** : 스마트폰을 원하는 높이로 조절한 후 고정시킬 수 있습니다.
- **셀카봉** : 실외에서 혼자 촬영을 할 때 사용하면 일정 거리에서 흔들림 없이 촬영할 수 있습니다.

▶ 조명

조명은 손쉽게 구할 수 있는 손전등이나 스마트폰의 앱을 이용하면 어두운 촬영 장소를 환하게 나타낼 수 있습니다.

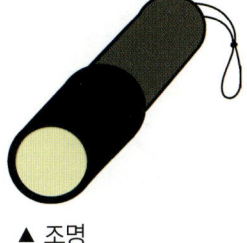
▲ 조명

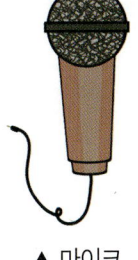
▲ 마이크

▶ 마이크

마이크는 스마트폰에 있는 마이크를 사용하면 편리합니다. 만약 소리가 작게 녹음 된다면 마이크를 구매하는 것도 좋습니다.

▶ 음성 변환 앱

음성 변환 앱은 영상 안에 재미있는 효과음을 넣을 때 사용하면 좋습니다. 음성 변환 앱을 통해 자신의 목소리를 외계인의 목소리로 변환해서 넣을 수도 있습니다.

▶ 촬영장 꾸미기

최소의 비용으로 동영상에 깔끔한 분위기를 나타낼 수 있는 재료는 바로 '컬러 전지'입니다. 문구점에서 저렴하게 구매할 수 있는 '컬러 전지'나 '컬러 4절지'를 배경에 깔면 한순간에 촬영장의 분위기를 정돈된 상태로 바꿀 수 있습니다.

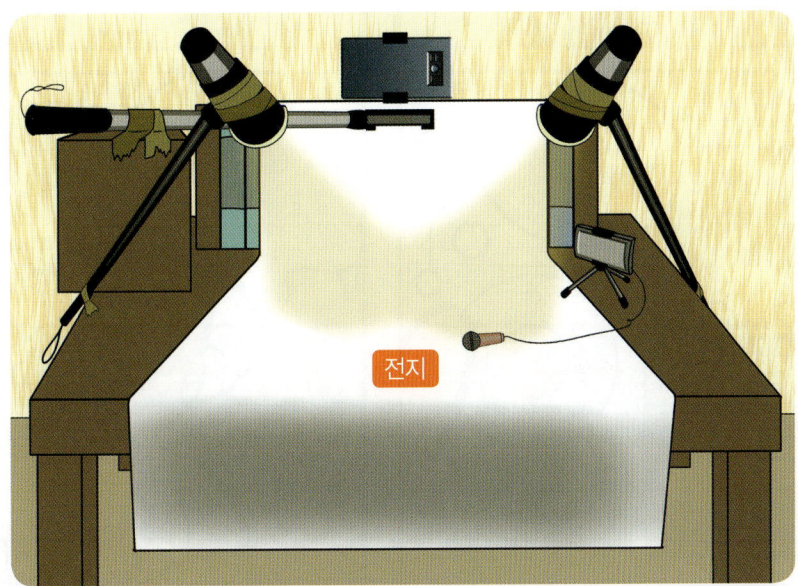

▶ 촬영 전 대본 쓰기

Chapter 3

콘텐츠가 필요해

[유튜브 스타 되기 STEP 3]
1. 콘텐츠 소재 찾기
2. 콘텐츠 소재 검토하기
3. 대본 만드는 방법 알기
4. 스스로 대본 작성하기

▶ 핫핫 구독하기

유튜브 채널을 만들 때의 주의할 점과 기획한 내용을 검토하는 방법에 대해 알아봅니다.

1 콘텐츠 소재 찾기

유튜브 채널을 만들고 싶은데 어떤 내용을 바탕으로 만들어야 할지 모르겠어요. 크터 선생님 어떤 주제로 하면 인기 있는 채널을 만들 수 있을까요?

콘텐츠를 제작할 때 가장 힘든 점은 구독자의 흥미를 끌기 위해 새로운 아이템을 찾아야 한다는 것이에요. 또 이렇게 찾아낸 아이템으로 꾸준히 새로운 콘텐츠를 만들려면 만드는 사람도 흥미가 있어야겠지요? 그렇기 때문에 콘텐츠를 선정할 때에는 가장 먼저 내가 좋아하고 잘하는 것이 무엇인지 스스로를 파악해 보는 것이 중요합니다.

▶ 일상생활 속에서 소재 찾기

❶ 일상생활 속 취미(좋아하는 것) 생활은 무엇인가요?

다음 취미표에 자신이 좋아하는 것과 하고 싶었던 일을 떠올려 보세요. 특별한 것도 좋고 일상 속의 평범한 내용도 좋습니다. 자유롭게 써 보세요.

취미표
예) 종이접기, 맛집 탐험, 유튜브 영상보기, 운동하기

❷ 취미표에 쓴 내용을 바탕으로 자신이 꾸준하게 만들 수 있는 영상은 무엇일지 정리해 봅니다.

취미표		
취미	소재가 다양한가?	영상 작업이 가능한가?(이유)
종이접기	다양한 종이접기가 가능	가능(매일 영상을 찍을 수 있음)
맛집 탐험	전국의 여러 맛집 탐험 가능	불가능(먼 거리의 맛집을 찾아다니기 힘듦)

알아 두면 좋아요

아이템은 고민한다고 해서 갑자기 '뿅~' 하고 생각나는 것이 아닙니다. 친구들과 놀이를 하다가도 음식을 먹다가도 공부를 하다가도 번뜩이는 아이디어가 생길 수 있습니다. 그럴 때마다 기록을 해 놓는 습관을 기르면 콘텐츠 개발에 도움이 됩니다.

▶ 네티즌의 관심사 찾아보기

요즘 인기 있는 아이템이 자신의 취미 생활과 맞는다면 그보다 좋은 일이 없을 것입니다. 예를 들어 게임을 좋아한다면 요즘 인기가 높은 마인크래프트를 이용하여 게임 콘텐츠를 만들 수 있습니다. 그러면 '나'도 재미있고, 콘텐츠를 보는 네티즌도 재미있는 동영상을 만들 수 있을 것입니다.

❶ 인기 아이템 찾아보기

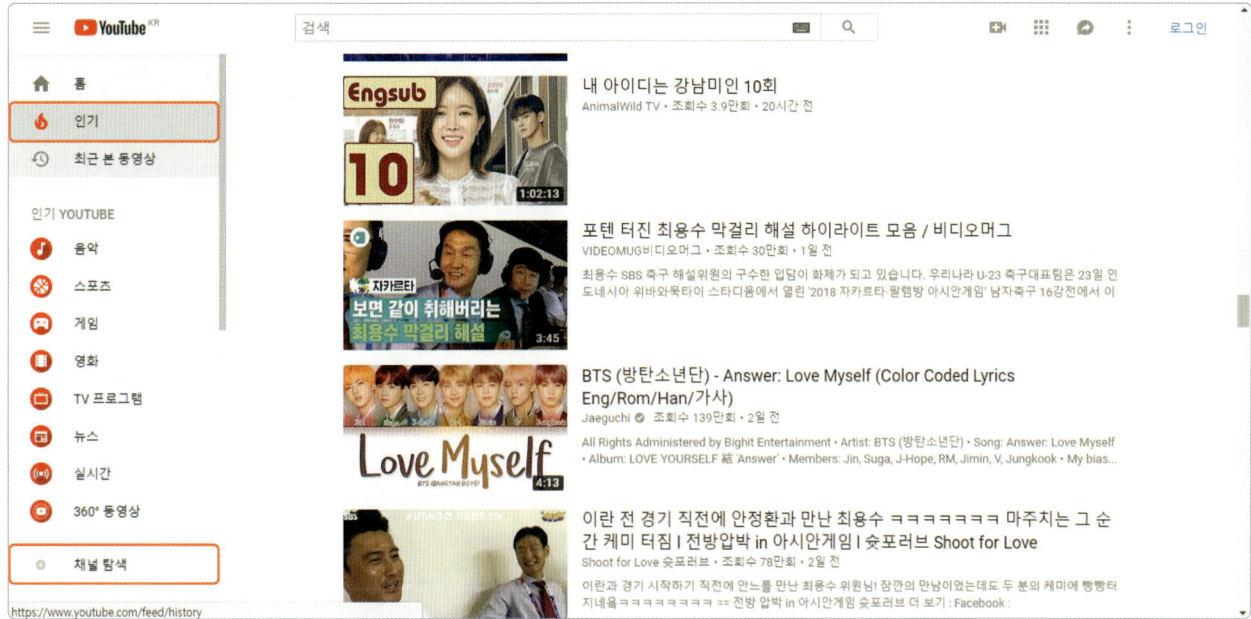

▲ 왼쪽 메뉴 중 '인기'와 '채널 탐색'을 이용하면 유튜브에서 인기 있는 콘텐츠의 리스트를 확인할 수 있습니다.

❷ 맞춤 동영상 확인하기

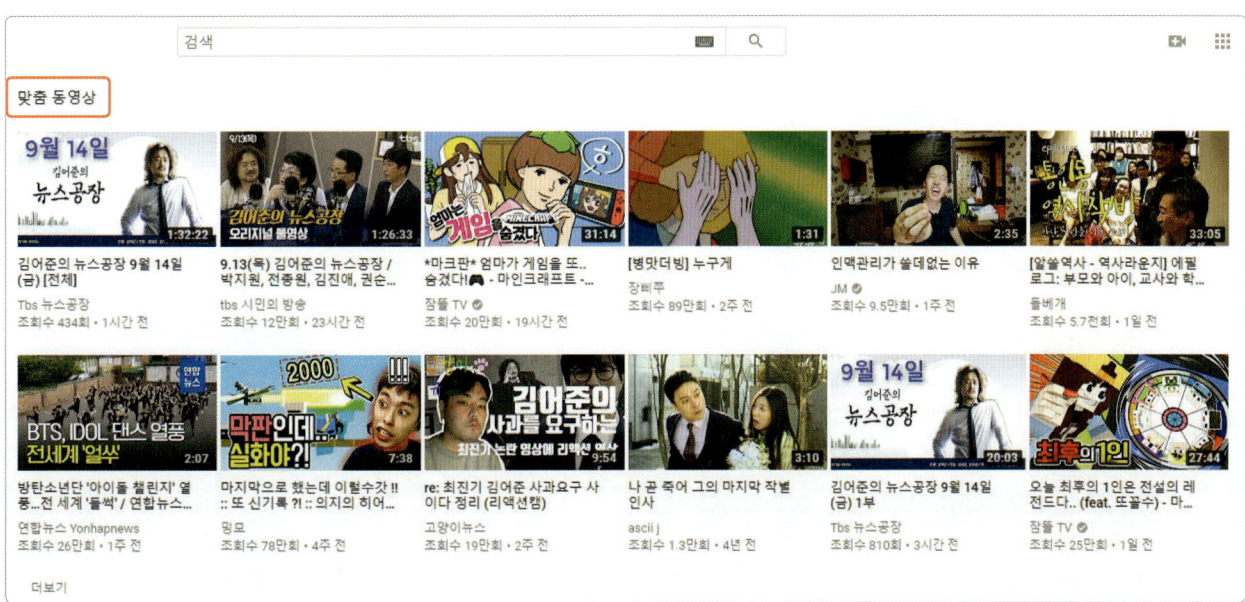

▲ 유튜브는 평소 사용자가 주로 보는 영상과 비슷한 영상을 추천해 주는 '맞춤 동영상', '맞춤 채널' 기능이 있습니다. 홈페이지에 펼쳐지는 리스트를 통해 확인할 수 있습니다.

2 콘텐츠 소재 검토하기

 여러분~! 콘텐츠의 소재를 찾았나요? 나만의 콘텐츠가 머릿속에 그려졌나요? 그렇다면 떠올린 내용으로 유튜브에 업로드하기까지 성공할 수 있을지 확인해 볼까요?

▶ 생각 정리하기

❶ 왜 콘텐츠를 만들고 싶은가요?
➡

❷ 어떤 콘텐츠를 만들고 싶나요?
➡

❸ 다른 친구들과 공감할 수 있는 내용인가요?
➡

❹ 중간에 포기하지 않고 완성할 수 있는 내용인가요?
➡

❺ 다양한 이야기를 가지고 지속할 수 있는 내용인가요?
➡

❻ 스스로 공부하여 채널을 만들어 나갈 수 있나요?
➡

알아 두면 좋아요

동영상을 작업할 때 주의할 점

- 폭력을 사용하지 않도록 합니다.
- 다른 사람을 비난하거나 비판하지 않도록 합니다.
- 욕을 사용하지 말고 바른 말을 사용하도록 합니다.
- 사실이 아닌 내용을 사실처럼 꾸미지 않도록 합니다.
- 강아지나 고양이 등 동물에게 심한 장난을 하지 않도록 합니다.
- 다칠 수도 있는 물건을 사용하거나 위험한 행동을 하지 않도록 합니다.
- 영상 촬영을 한 후 구독자가 불쾌한 기분이 생길 만한 내용이 있는지 검토합니다.

3 대본 만드는 방법 알기

 동영상을 촬영하기 전에 무엇을 준비해야 할까요? 순서를 정하기가 어려워요. 크터 선생님 도와주세요.

 촬영할 내용의 대본을 미리 작성하면서 흐름과 그 내용을 순서대로 써 보기로 해요.

▶ 떠올린 아이디어를 정리하며 대본 만들기 예

콘텐츠 제목	[종이접기] 신문 모자 만들기
콘텐츠 소개	신문지를 이용하여 모자를 만들어 봅니다.
대본 쓰기	
준비	책상, 조명, 카메라, 흰색 색상지, 신문지
대본	[장면 1] 완성된 모자를 보여 준다. 크리에이터(대사) : 안녕하세요. 종이접기 박사의 '빡샘'입니다. 　　　　　　　　　오늘은 신문 모자를 만들어 보려고 합니다. 　　　　　　　　　준비물은 신문지만 있으면 됩니다. [장면 2] 완성된 모자를 보여 준 다음, 화면 밖으로 밀어 내고 신문지로 모자를 접기 시작한다. 크리에이터(대사) : 모자는 '배'를 접는 방법과 비슷합니다. [마무리] 완성된 모자를 직접 써 본다. 크리에이터(대사) : 지금까지 지켜 봐 주셔서 감사합니다. 다음 시간에는 더 재미있는 종이접기로 찾아오겠습니다. 채널 '좋아요'와 '구독' 아시죠? '꾹꾹' 눌러 주세요. 감사합니다.

4 스스로 대본 작성하기

 대본을 작성할 때에는 동영상 촬영의 흐름을 알 수 있을 정도로만 작성합니다. 너무 자세하게 기록하고 그대로 따라 읽는다면 나만의 스타일이 없어질 수도 있습니다. 자연스러운 촬영 진행을 위해 대사를 너무 자세하게 작성하지 않도록 해요.

▶ 나만의 스타일로 대본 완성하기　　　　　　　　　　　　　　　▶예제 파일 : 3장 폴더

콘텐츠 제목	
콘텐츠 소개	
대본 작성하기	
준비	
대본	

Chapter 4

동영상 편집 프로그램

[유튜브 스타 되기 STEP 4]
❶ 동영상 편집 프로그램 설치·확인하기
❷ 동영상 캡처 프로그램 설치·확인하기

▶ 핫핫 구독하기

영상을 편집하는 데 사용하는 프로그램을 인터넷에서 다운로드하는 방법과 화면 구성에 대해 알아봅니다.

1 동영상 편집 프로그램 설치·확인하기

 동영상은 촬영했는데요. 어떡하지요? 동영상 편집 프로그램을 사용할 줄 몰라요. 동영상 편집은 어떤 프로그램을 쓰면 좋을까요?

 동영상 편집 프로그램인 '파워디렉터 12'를 소개할게요. 파워디렉터는 영상 편집 및 자막 편집까지 다양한 기능을 사용할 수 있는 프로그램이에요. 웹 사이트에서 무료로 사용할 수 있고, 이메일 주소만 입력하면 바로 다운로드가 가능해요.

▶ 프로그램 다운로드하기

주소 https://www.cyberlink.com/stat/edms/Giveaway/SharewareOnSale/PDR12/index.jsp

❶ 파워디렉터 판매 사이트에 접속합니다.

❷ [Download Now]를 클릭합니다.

❸ 이름과 이메일 주소를 입력합니다.

❹ [Submit] 단추를 클릭합니다.

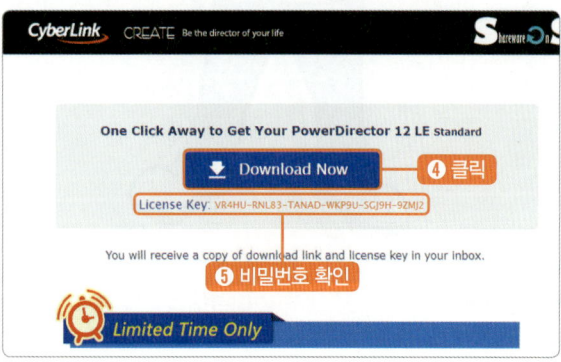

❺ [Download Now]를 클릭하여 프로그램을 다운로드합니다.

❻ [Download Now] 아래 '라이선스 키'를 복사해 둡니다.

▶ '파워디렉터12' 프로그램 설치하기

❶ 아이콘을 더블클릭합니다.

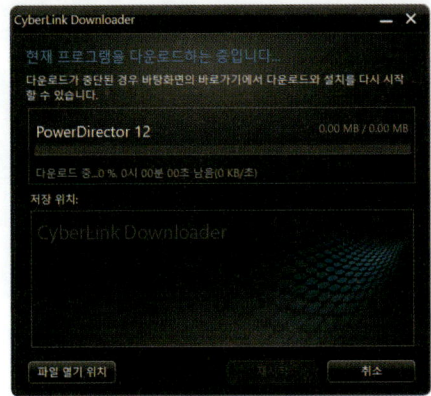
❷ 프로그램이 다운로드될 때까지 기다립니다.

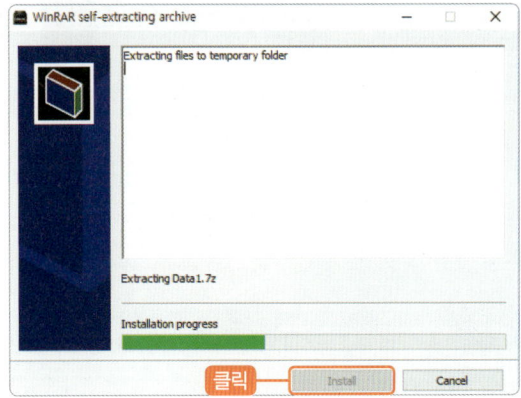
❸ [Install]을 클릭합니다.

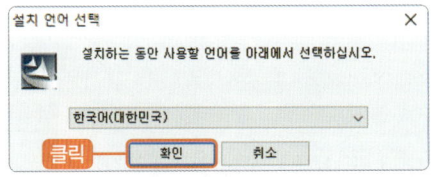
❹ '한국어'를 선택하고 [확인]을 클릭합니다.

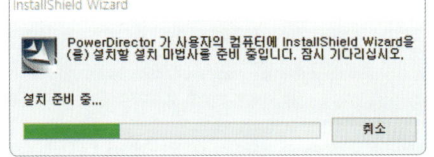

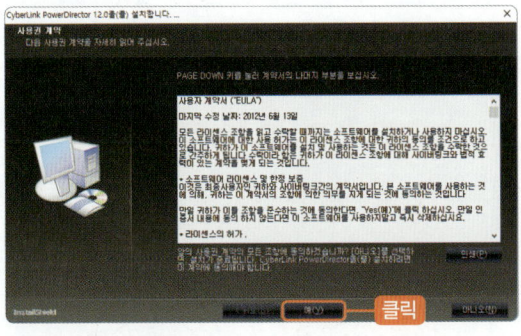
❺ [예]를 클릭합니다.

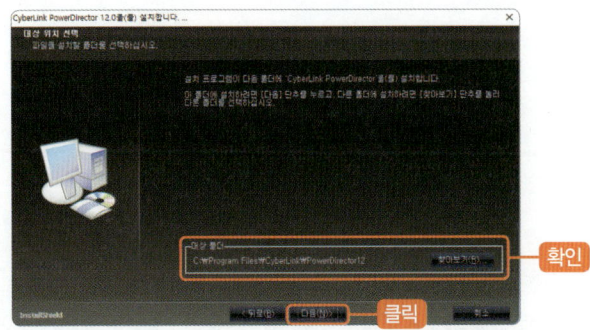
❻ 설치 위치를 설정하고 [다음]을 클릭합니다.

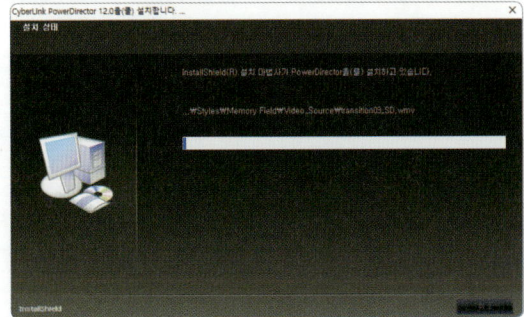
❼ 설치가 완료될 때까지 기다립니다.

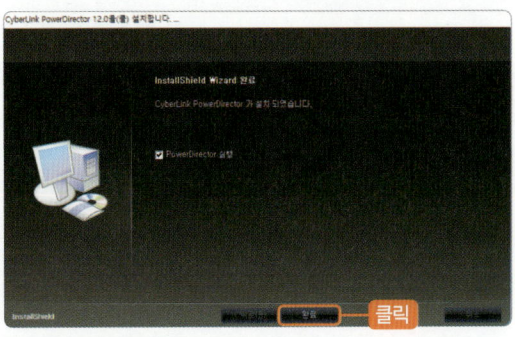
❽ [완료]를 클릭합니다.

▶ '파워디렉터 12'의 화면 구성 확인하기

'파워디렉터 12' 프로그램의 메뉴를 잘 익혀 둡니다.

① 프로그램을 실행합니다.

- '최대 기능 편집기'를 클릭합니다.
- 복사해 둔 '라이선스 키'를 입력하고 [다음]을 클릭합니다.

② 프로그램 화면 구성을 확인합니다.

❶ 화면 편집 도구 메뉴와 라이브러리

❷ 미리보기 창

❸ 타임라인과 스토리보드

화면 편집 도구 메뉴와 라이브러리

❶ 미디어 룸

편집에 사용할 동영상, 음악, 사진 등의 소스를 가져오거나 가져온 소스를 확인할 수 있는 라이브러리 창입니다.

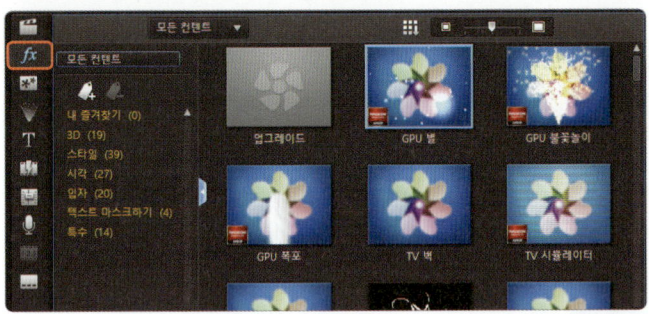

❷ 효과 룸

동영상 효과를 나타내는 라이브러리입니다. 편집할 동영상의 모습을 변화시킬 수 있는 소스를 확인할 수 있습니다.

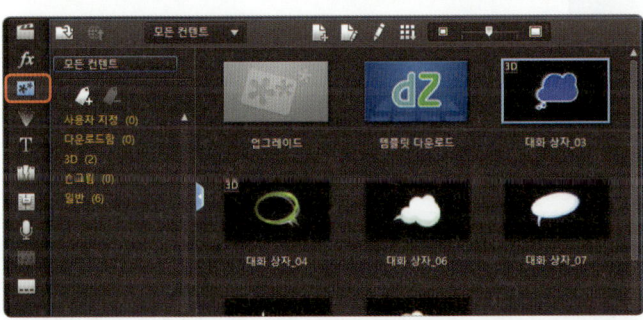

❸ PiP 개체 룸

편집할 동영상에 사용할 수 있는 PiP 개체를 확인할 수 있습니다.

* PiP(Picture in Picture : 사진 속 사진)

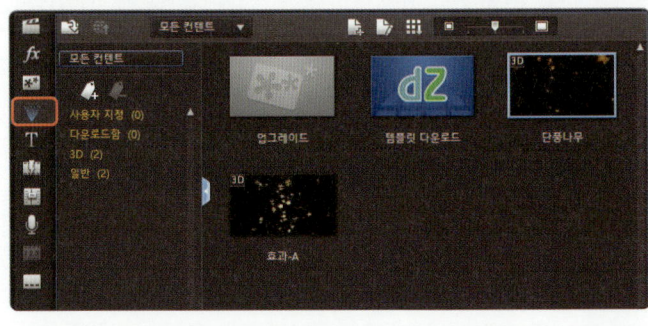

❹ 입자 룸

편집할 동영상 위에 화려한 화면 효과를 적용할 수 있는 소스를 확인할 수 있습니다.

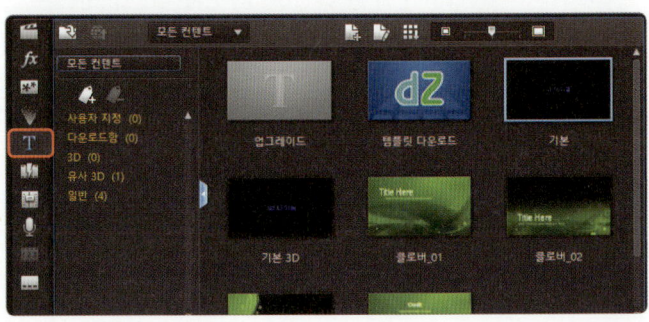

❺ 타이틀 룸

편집할 동영상에 추가할 수 있는 여러 가지 형태의 자막을 확인할 수 있습니다.

❻ **전환 룸**

동영상과 동영상 사이를 자연스럽게 화면 전환시킬 수 있는 전환 소스를 확인할 수 있습니다.

▶ **화면 미리보기 창**

편집하고 있는 동영상을 실시간으로 확인할 수 있습니다.

▶ **타임라인과 스토리보드**

동영상을 편집하는 창으로 동영상을 시간별로 확인할 수 있는 '타임라인' 창과 스토리 형식으로 확인할 수 있는 '스토리보드' 창이 있습니다.

2 동영상 캡처 프로그램 설치·확인하기

인터넷에서 마음에 드는 동영상을 발견했는데요. 저의 콘텐츠에 소개하고 싶어요. 어떻게 하면 동영상을 캡처할 수 있나요?

▶ 동영상 캡처 프로그램 반디캠 사용하기

반디캠은 컴퓨터 화면을 찍는 데 사용하는 프로그램입니다. 네이버에서 프로그램을 다운로드할 수 있습니다.

1 반디캠 프로그램을 다운로드합니다.

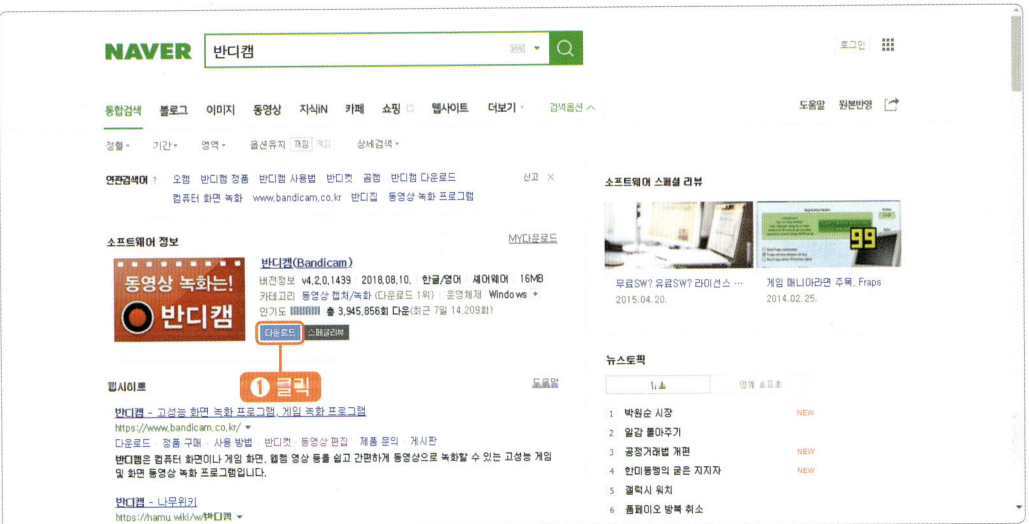

① 네이버에서 '반디캠'을 검색합니다.
② 반디캠 다운로드를 클릭합니다.

③ 무료 다운로드를 클릭하여 '반디캠'을 다운로드합니다.

CHAPTER 04 동영상 편집 프로그램 _ **039**

❷ 프로그램을 설치해 봅니다.

❶ 설치 프로그램을 '더블클릭'합니다.

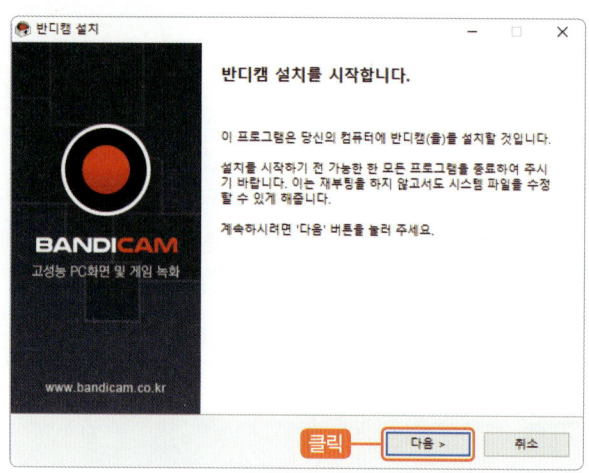

❷ [다음]을 클릭합니다.

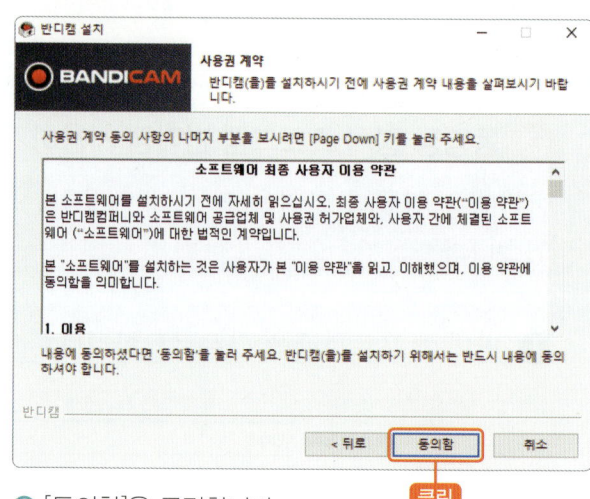

❸ [동의함]을 클릭합니다.

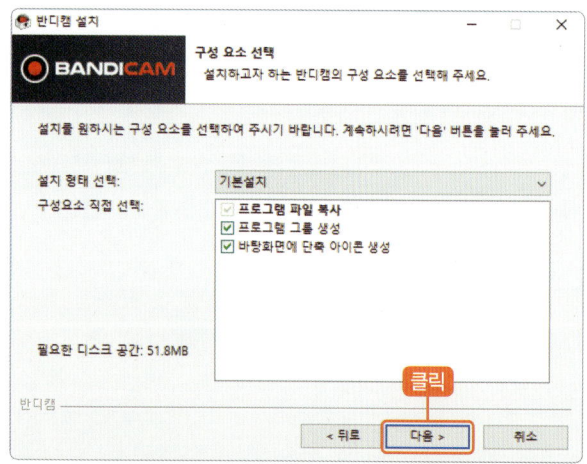

❹ 생성할 아이콘 위치를 체크하고 [다음]을 클릭합니다.

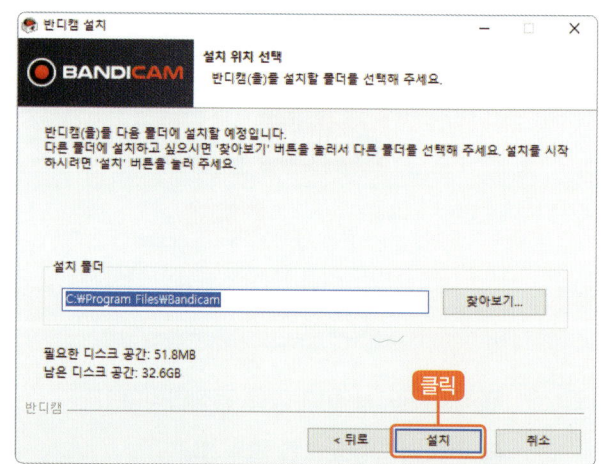

❺ 설치 위치를 설정하고 [설치]을 클릭합니다.

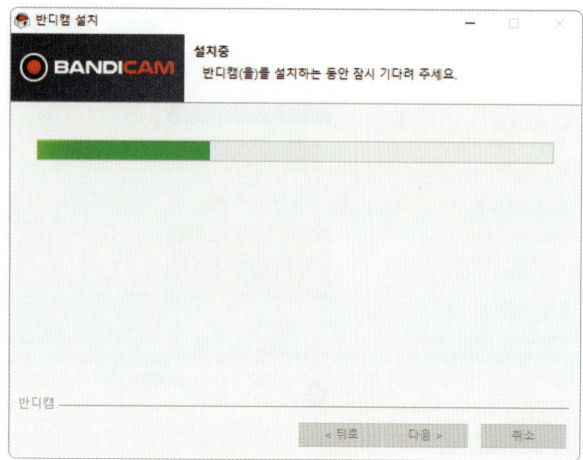

❻ 설치가 완료될 때까지 기다립니다.

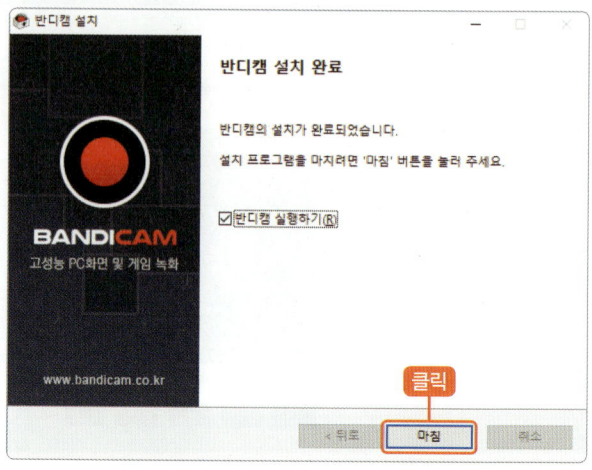

❼ 설치가 완료되면 [마침]을 클릭합니다.

▶ 반디캠의 화면 구성 확인하기

반디캠 프로그램의 메뉴를 잘 익혀 둡니다.

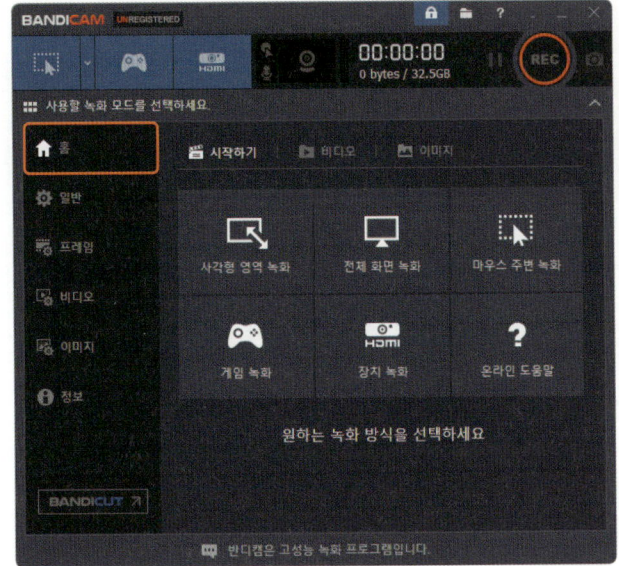

❶ 홈

❶ 녹화할 영역을 선택할 수 있습니다.

❷ 화면 전체를 녹화합니다.

❸ 마우스를 따라다니며 녹화합니다.

❷ 단축키 알기

❶ 'F12' 동영상 녹화
❷ 'F11' 이미지 캡처

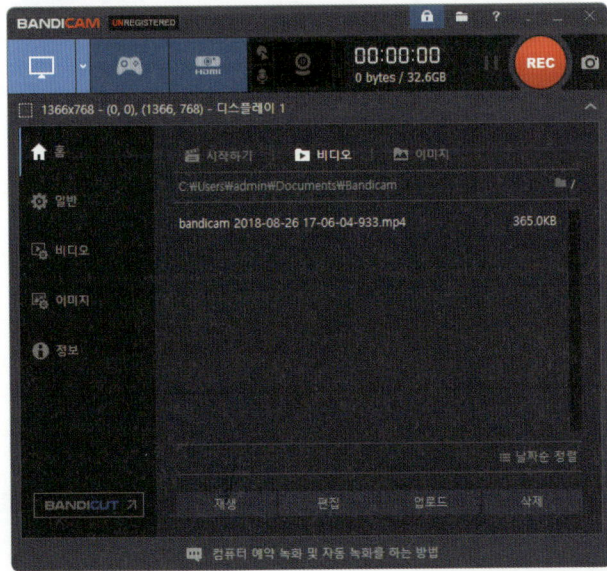

❸ 비디오
- 캡처한 동영상을 확인할 수 있습니다.

❹ 이미지
- 캡처한 이미지를 확인할 수 있습니다.

멋진 동영상 편집 기술

[유튜브 스타 되기 STEP 5]
1. 불필요한 화면 자르기
2. 화면 전환 효과로 고퀄리티 동영상 만들기
3. 동영상의 속도 조절하기

▶ 핫핫 구독하기

촬영한 동영상에서 불필요한 동영상을 잘라 내고, 그 사이에 화면 전환 효과를 적용하여 동영상의 흐름을 자연스럽게 연결하는 방법에 대해 알아봅니다.

1 불필요한 화면 자르기

동영상 촬영을 하다 보면 당연히 'NG'가 날 수 있습니다. 그렇다고 처음부터 다시 찍기에는 또 NG가 날 수도 있고 시간이 부족할 수도 있습니다. 동영상 편집 기술을 통해 촬영한 영상에서 불필요한 부분을 삭제할 수 있으니 걱정하지 마세요.

▶ 동영상에서 불필요한 부분 자르기 ▶예제 파일 : 5장 폴더

- 전체에서 불필요한 부분을 분할하여 자르기
  [나누기 할 영상 위치] 처음(00;02;00;02) , 끝(00;02;21;30)
- 영상을 나누어 일부에만 효과 적용하기
  [나누기 할 영상 위치] 처음(00;01;18;02), 끝(00;01;39;23)

- [미디어 룸]-[미디어 가져오기]-[미디어 파일 가져오기]를 클릭합니다.

- '5장_영상자료'를 불러옵니다.

- '5장_영상자료'를 드래그하여 트랙으로 이동시킵니다.

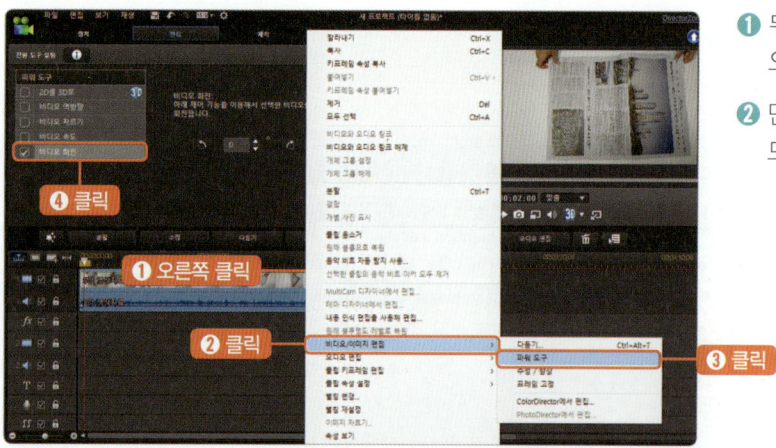

❶ 뒤집힌 영상을 회전시키기 위해 마우스 오른쪽 버튼을 클릭합니다.

❷ 단축 메뉴에서 [비디오/이미지 편집]-[파워 도구]-[비디오 회전]을 클릭합니다.

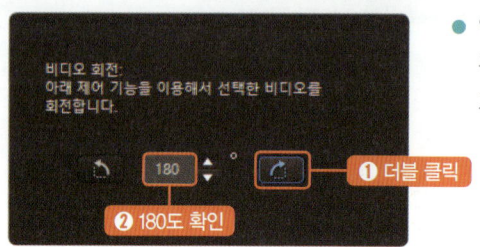

● 영상이 뒤집혀 있기 때문에 오른쪽이나 왼쪽 버튼을 두 번 클릭하여 각도를 180°로 지정해 줍니다.

알아 두면 좋아요

불필요한 영상이란?

영상의 흐름상 꼭 필요하지 않은 장면을 의미합니다. 기획 의도와 맞지 않거나 'NG'를 낸 장면을 분할하여 삭제할 수 있습니다.

다음 동영상에서 불필요한 동영상을 삭제하기 위해 삭제할 부분의 처음(00;02;00;02)과 끝(00;02;21;30)부분을 분할합니다.

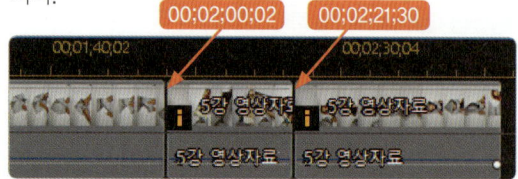

● 불필요한 영상을 삭제하기 위해 '미리보기' 창의 시간을 '00;02;00;02'로 맞춰 줍니다.

❶ 시간을 지정하면 '분할'을 클릭하여 영상을 나눠 줍니다.

❷ 삭제할 영상의 끝부분도 분할하기 위해 '00;00;21;28'에 맞춰주고 '분할'을 클릭합니다.

❶ 삭제할 영상을 선택하고 마우스 오른쪽 버튼을 클릭합니다.

❷ 단축 메뉴가 나오면 '제거'-'동일 트랙의 클립 제거 및 이동'을 클릭합니다.

알아 두면 좋아요

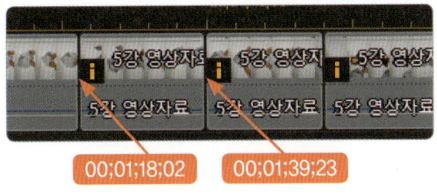

영상 분할은 꼭 불필요한 영상을 삭제할 때만 사용하는 것이 아닙니다. 전체 영상 중에 한 부분만 다른 기능을 추가하고자 하거나 영상의 속도를 달리하고 싶을 때도 영상을 분할하여 효과를 적용합니다.

다음 내용은 가위질하는 모습을 자세하게 표현하기 위해 필요한 구간을 자른 모습입니다.

처음(00;01;18;02)과 끝(00;01;39;23)을 선택하여 분할합니다.

❶ 가위질하는 부분을 자세하게 표현하기 위해 영상을 확대합니다.

❷ '미리보기' 창에서 시간을 '00;01;18;02'로 입력합니다.

❸ 확대할 영상의 시작 부분을 분할합니다.

❶ '미리보기' 창에서 다시 시간을 '00;01;39;23'로 입력합니다.

❷ 확대할 영상의 끝부분을 분할합니다.

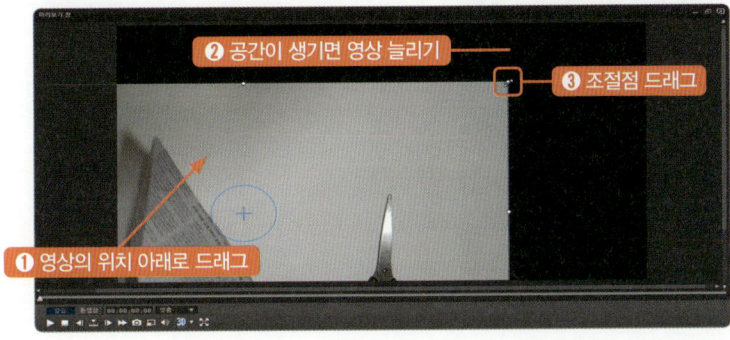

❶ '미리보기' 창에서 영상을 아래쪽으로 드래그합니다.

❷ 공간이 생기면 조절점을 드래그하여 영상의 크기를 늘립니다.

❸ 영상 크기조절이 끝나면 드래그하여 영상의 위치를 조절합니다.

2 화면 전환 효과로 고퀄리티 영상 만들기

 동영상의 중간 부분을 잘라 내고 다시 연결시키는 편집을 했는데요. 갑자기 화면 흐름이 바뀐 것처럼 보여서 걱정이에요. 크터 선생님, 어떻게 해야 하나요?

 동영상의 일부분을 삭제하게 되면 중간에 재생이 끊기기 때문에 다시 이어주어야 해요. 잘린 동영상과 동영상 사이는 자연스럽게 이어 주는 것이 좋겠죠? 이때 화면 전환 효과를 사용하면 동영상의 흐름을 자연스럽게 이어갈 수 있답니다.

▶ **잘린 동영상에 화면 전환 효과 넣기**

- 편집 도구 중 '전환 룸( )'을 클릭합니다.

- '전환 룸'의 '라이브러리'에서 사용할 전환 효과를 클릭한 후, 영상의 경계선으로 드래그하여 효과를 적용합니다.

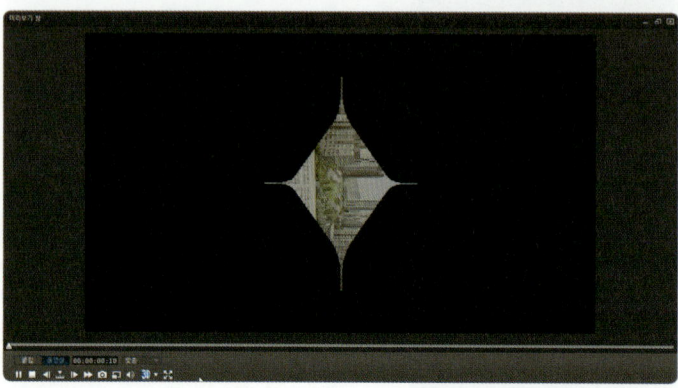

- 동영상에 전환 효과를 적용하면 그림과 같이 효과가 동영상에 바로 적용됩니다.

● 분할한 다른 영상들에도 '전환' 효과를 적용합니다.

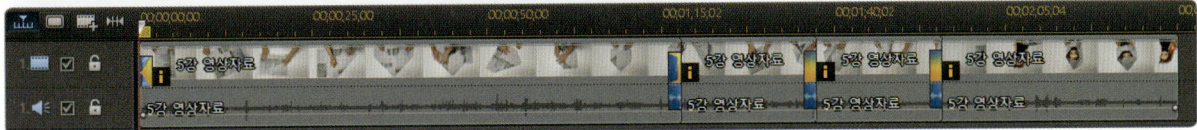

화면 '전환' 효과가 잘 적용되었는지 확인하기

① 잘못 적용되었다면 '전환' 효과를 제거한 후 다시 적용해 봅니다.

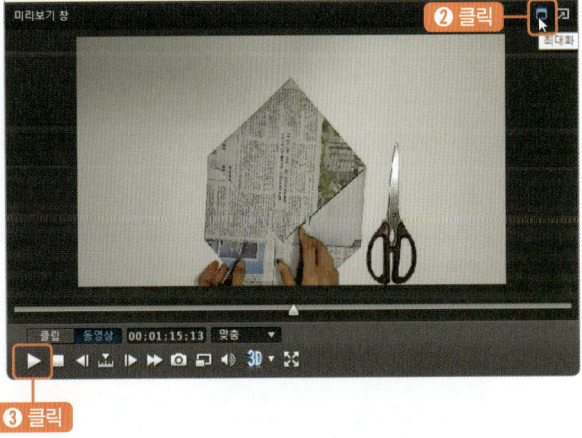

전환 효과 삭제하기

① 동영상 편집과 자막까지 다 작업한 후에 '전환' 효과를 삭제하면 영상의 위치와 자막의 위치가 엉망이 될 수 있으니 '전환' 효과는 꼭 자막을 넣기 전에 확인하는 것이 좋습니다.

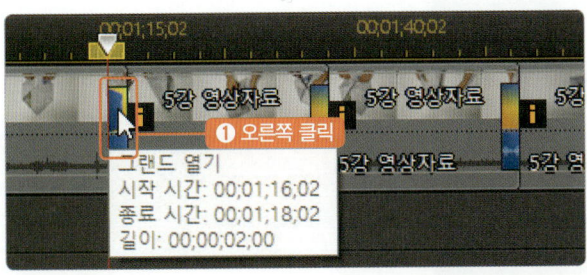
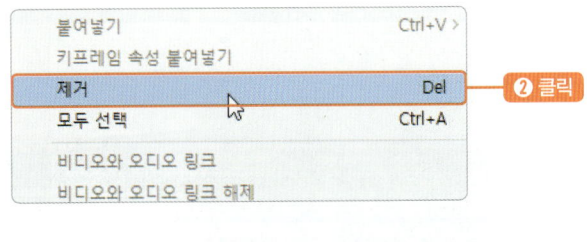

① 삭제할 '전환' 효과 위에 마우스를 올려 오른쪽 버튼을 클릭합니다.
② 단축 메뉴가 나오면 '제거'를 클릭하여 화면 전환 효과를 제거합니다.

CHAPTER 05 멋진 동영상 편집 기술 _ **047**

▶ 프로젝트 저장하기

❶ 다음에 영상을 다시 편집할 수도 있기 때문에 작업한 프로젝트를 저장합니다.

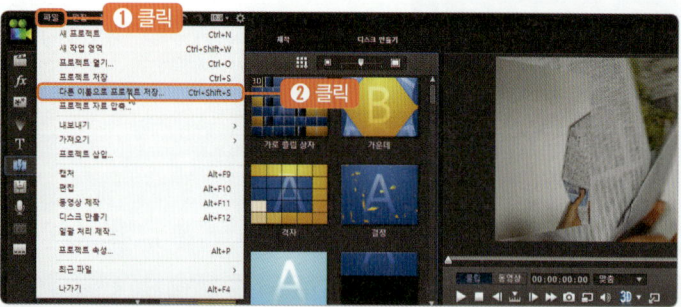

- 프로젝트를 저장하기 위해 [파일]-[다른 이름으로 프로젝트 저장]을 클릭하여 원하는 위치에 파일을 저장합니다.

▶ 프로젝트를 동영상으로 저장하기

❶ 완성한 파일을 동영상으로 저장(변환)해 봅니다. 변환한 파일은 나중에 오프닝이나 자막을 추가할 수 있습니다.

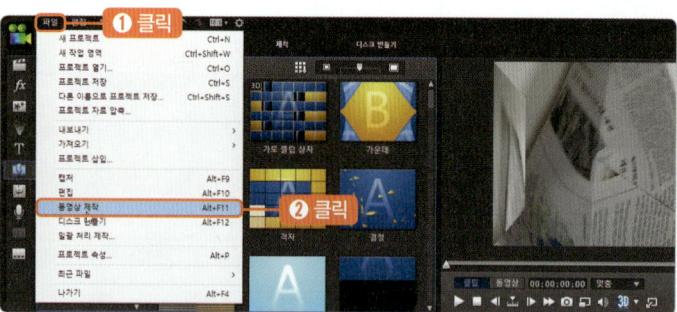

- 동영상을 제작하기 위해 [파일]-[동영상 제작]을 클릭합니다.

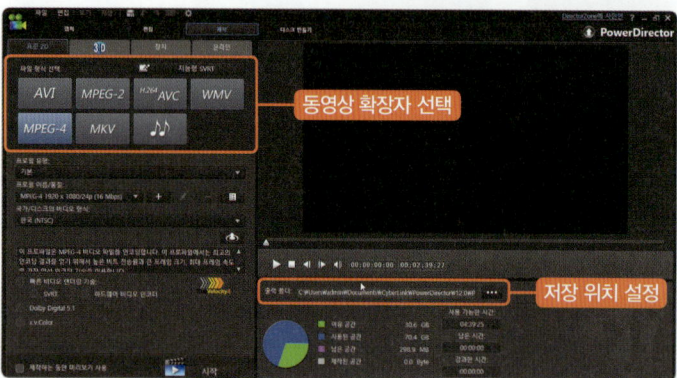

❶ 상단의 필요한 확장자 버튼을 클릭하여 저장 크기를 설정합니다.

❷ 출력폴더를 클릭하여 저장할 위치를 결정합니다.

❸ '시작'버튼을 클릭하여 동영상을 제작합니다.

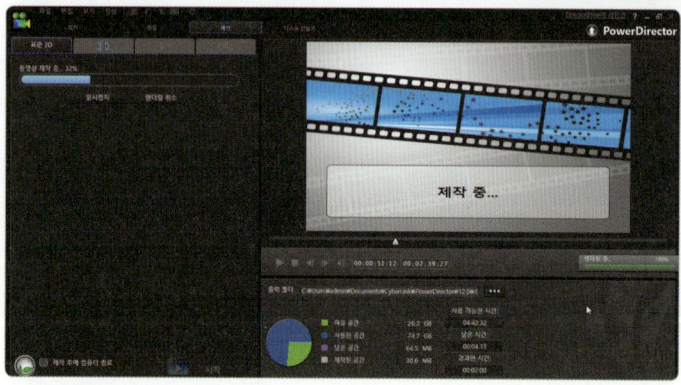

- 동영상 제작이 완료되면 해당 폴더를 열어 확인해 봅니다.

3 동영상의 속도 조절하기

작업한 영상을 확인해 보았는데요. 동영상이 좀 느린 것 같아요. 좀 빠르게 진행되게 하고 싶은데요. 크터 선생님! 방법이 있을까요?

동영상을 촬영하다 보면 진행 속도가 느려질 때가 있습니다. 또는 완성하고 검토하는 과정에서 속도가 마음에 안 들 수도 있고요. 이럴 땐 자막을 넣기 전에 비디오의 속도를 조절해 보는 것이 좋겠죠?

▶ **동영상의 속도를 조절하기**

● [미디어 룸]-[미디어 가져오기]를 클릭하여 좀 전에 작업한 파일을 불러옵니다.

● 불러온 영상을 트랙으로 드래그합니다.

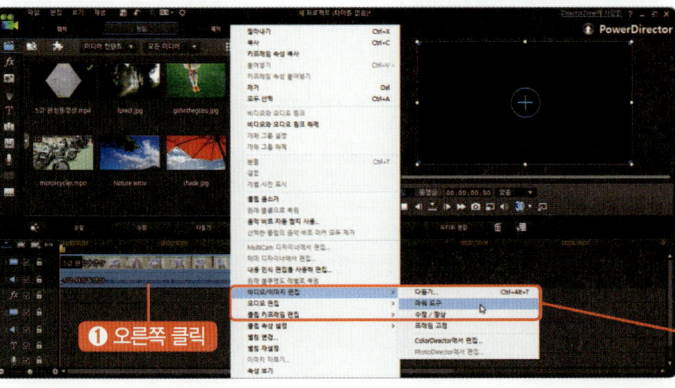

❶ 트랙에 옮겨진 동영상 위에서 마우스 오른쪽 버튼을 클릭합니다.

❷ 단축 메뉴에서 [비디오/이미지 편집]-[파워 도구]를 클릭합니다.

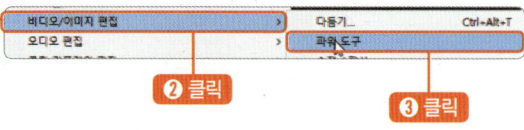

CHAPTER 05 멋진 동영상 편집 기술 _ **049**

● '비디오 속도'를 클릭합니다.

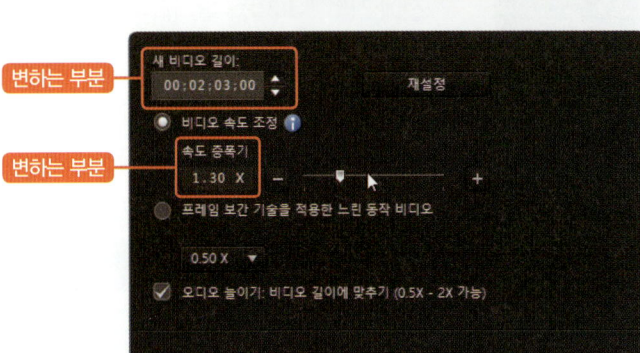

● 속도 증폭기의 슬라이드를 조절해 동영상의 속도를 조절해 봅니다.

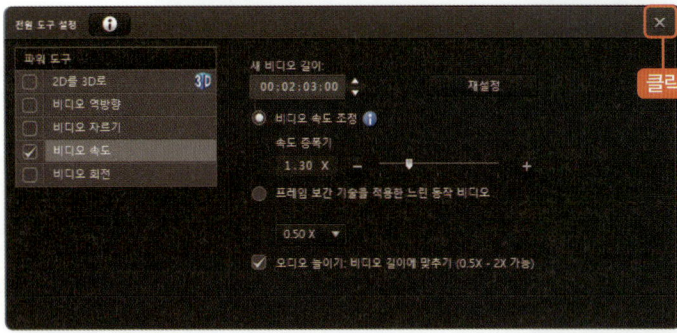

❶ 비디오 속도를 조절하면 동영상의 타임라인이 트랙에서 조절됩니다.

❷ 너무 빠르게 조절하면 동영상이 제대로 작동하지 않을 수도 있기에 '미리보기' 창에서 동영상을 확인하며 속도를 조절합니다.

● '비디오 속도' 조절을 마무리하고 편집 창으로 돌아가는 방법은 오른쪽 상단에 닫기(✕) 버튼을 클릭하면 됩니다.

알아 두면 좋아요

비디오 속도는 동영상 속에서 유독 느린 부분을 분할하여 해당하는 부분만 속도를 조절해서 사용할 수도 있습니다.

Chapter 6

동영상 합치고
작은 동영상 넣기

[유튜브 스타 되기 STEP 6]
1. 여러 개의 동영상 합치기
2. 동영상에 효과 추가하기
3. 완성한 동영상에 작은 화면의 소개 동영상 추가하기

▶ 핫핫 구독하기

여러 개의 동영상을 하나로 합쳐 보고, 큰 장면의 동영상에 작은 장면의 동영상을 추가하여 동시에 2개 이상의 동영상을 실행하는 방법에 대해 알아봅니다.

1 여러 개의 동영상 합치기

 크터 선생님! 동영상을 여러 번 나눠서 찍었는데요. 어떻게 합쳐야 하나요?

 영상을 촬영할 때에 장면에 따라 동영상을 따로 찍을 수도 있지요? 이렇게 나누어 촬영한 영상을 합치려면 트랙 위로 모든 동영상을 모으면 됩니다.

▶ 동영상을 담을 트랙 이해하기

❶ 트랙을 추가할 수 있습니다.

❷ 동영상을 삽입할 수 있는 트랙입니다.

❸ 동영상에 있는 소리를 끄거나 소리의 크기를 조절할 수 있습니다. 이 외에도 소리 파일을 삽입할 수 있습니다.

❹ 동영상에 영상 효과를 삽입할 수 있습니다.

❺ 동영상에 자막을 삽입할 수 있습니다.

❻ 동영상에 음성 파일을 삽입할 수 있습니다.

❼ 동영상에 음악 파일을 삽입할 수 있습니다.

알아 두면 좋아요

동영상에 자막이나 PiP 개체, 화면 효과 등을 추가하고 싶다면 동영상을 추가한 트랙보다 아래쪽 트랙에 위치시켜야 합니다.

▶ 동영상을 불러와 트랙에 모으기   ▶예제 파일 : 6장 폴더

❶ '예제 파일〉6장' 폴더에서 '1번째~4번째 영상'을 재생하여 내용을 확인해 봅니다.

❷ '파워디렉터 12'를 실행합니다. [미디어 룸]-[미디어 가져오기] '6장〉1번째 영상~4번째 영상'까지 불러옵니다.

❸ '1번째 영상'을 트랙으로 드래그하여 넣습니다.

> Tip 동영상은 상황에 따라 같은 트랙으로 나란히 드래그할 수도 있고, 다른 트랙으로 나누어 드래그할 수도 있습니다.

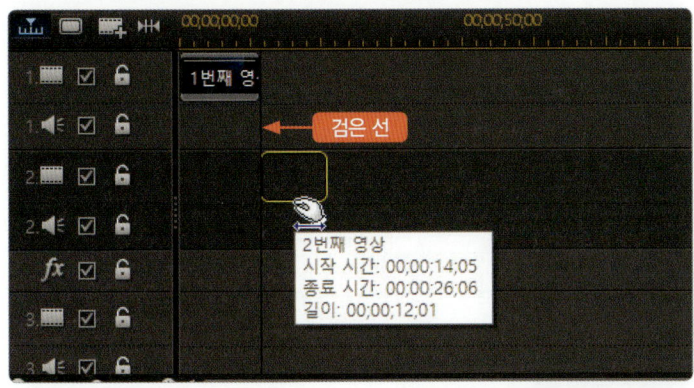

❹ '1번째 영상'이 끝나는 위치에 '2번째 영상'을 드래그하여 넣습니다.

> Tip 동영상을 라이브러리에서 트랙으로 드래그할 때 생기는 검은 선을 중심으로 위치를 설정하면 됩니다.

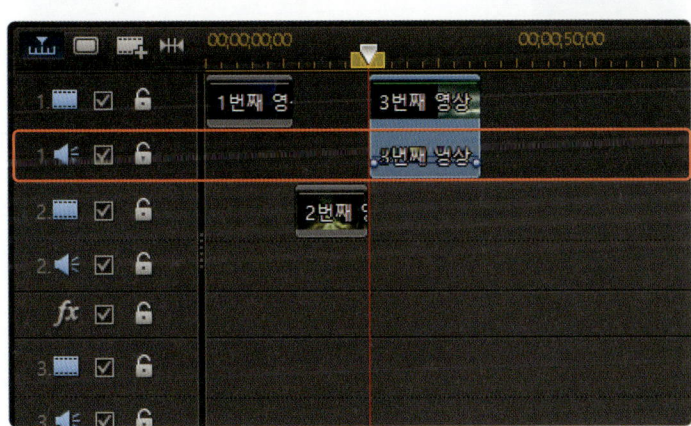

❺ 그림과 같이 '3번째 영상'을 트랙으로 드래그하여 넣습니다. 동영상에 소리가 삽입되어 있는 모습을 볼 수 있습니다.

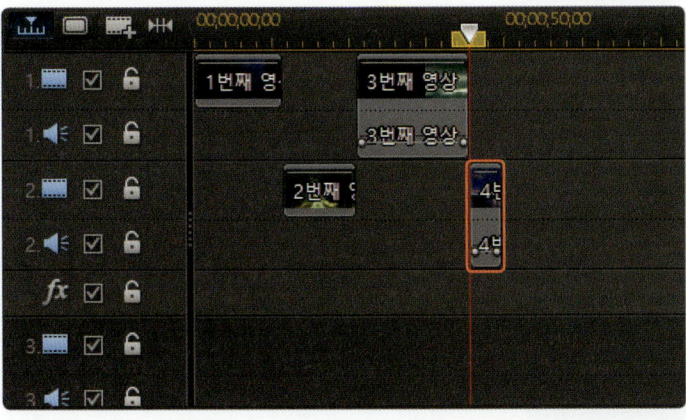

❻ '4번째 영상'을 트랙으로 드래그하여 넣습니다.

CHAPTER 06 동영상 합치고 작은 동영상 넣기 _ **053**

2 동영상에 효과 추가하기

 크터 선생님, 동영상에 흐림 효과나 폭포 등의 효과를 넣을 수는 없나요?

 '효과 룸'의 라이브러리에 있는 소스를 활용해 볼까요? 라이브러리에서 각 소스를 클릭해 보면 어떤 효과인지 오른쪽의 '미리보기' 창에서 확인할 수 있어요.

▶ 라이브러리 효과 확인하고 넣기

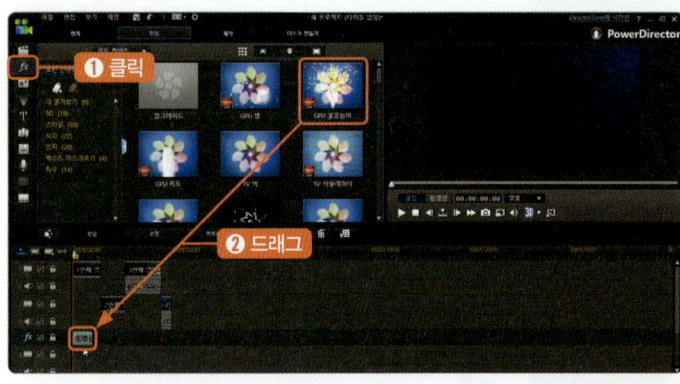

❶ '효과 룸'을 클릭하여 라이브러리 소스를 '효과' 트랙으로 드래그합니다.

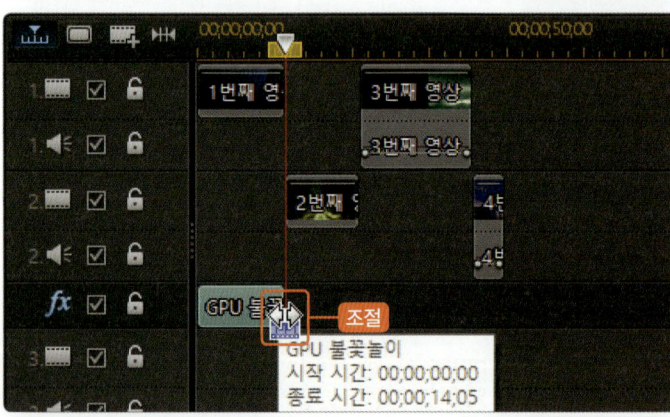

❷ '효과' 소스의 끝 부분에 마우스를 가져다 놓고, 모양이 화살표로 변하면 드래그하여 '효과' 소스의 타임라인 길이를 조절해 봅니다.

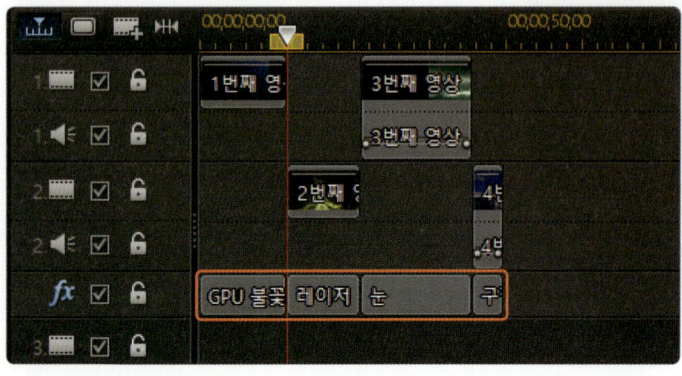

❸ 그림과 같이 모든 트랙에 '효과' 소스를 적용해 봅니다.

▶ 화면 전환 효과 넣기

라이브러리에 있는 화면 '전환' 효과를 클릭하면 '미리보기' 창에서 소스의 효과를 확인할 수 있습니다.

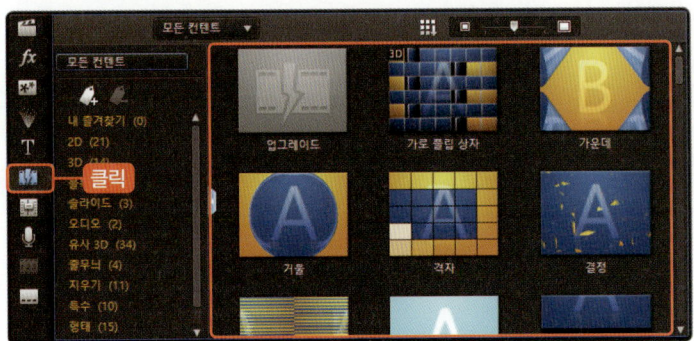

❶ '전환 룸'을 클릭하여 라이브러리를 확인합니다.

❷ 라이브러리에서 원하는 '전환' 효과를 선택해 동영상으로 드래그합니다.

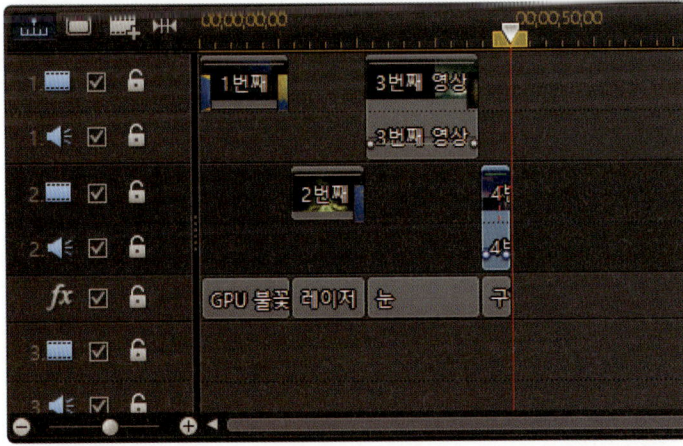

❸ 다른 동영상에도 원하는 '전환' 효과를 적용합니다.

알아 두면 좋아요

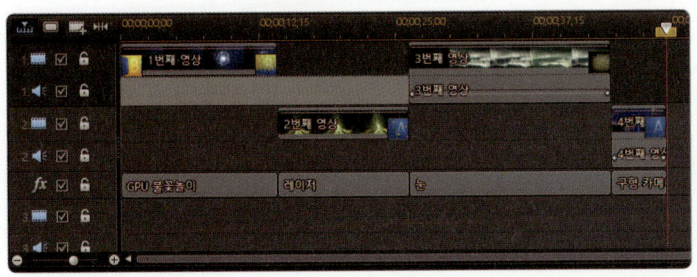

트랙을 편집하기 쉽게 타임라인을 조절하려면 Ctrl 키를 누르고 마우스 휠을 컨트롤합니다. 타임라인의 길이는 길게 또는 짧게 조절해도 동영상에는 영향을 끼치지 않습니다.

❶ 마우스 휠을 밀면 타임라인이 늘어납니다.

❷ 마우스 휠을 당기면 타임라인이 줄어듭니다.

3 완성한 동영상에 작은 화면의 소개 동영상 추가하기

크터 선생님! 유튜브에서 동영상 안에 작은 동영상이 들어 있는 화면을 봤어요. 그 동영상에서 한 화면에서는 소리가 났고, 다른 한 화면에서는 소리가 안 났어요. 이러한 동영상은 어떻게 만드는 거예요?

동영상 안에 작은 동영상을 넣는 방법을 알아볼까요? 작은 동영상은 여러 가지 기능으로 사용할 수 있습니다. 큰 동영상을 설명하는 진행자를 등장시킬 수도 있고요. 다른 각도에서 촬영한 모습을 나타낼 수도 있답니다.

▶ 큰 영상에 작은 영상 넣기

▶예제 파일 : 6장 폴더

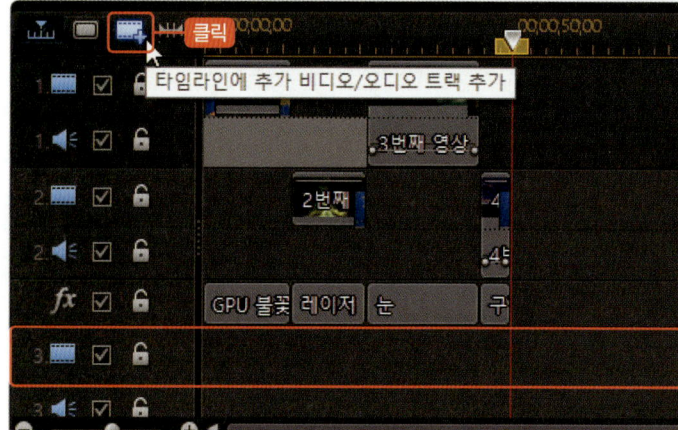

❶ 우선 동영상을 추가할 새 트랙을 1개 생성합니다.

❷ [미디어 룸]-[미디어 가져오기]를 클릭하여 '1번째 작은 영상', '2번째 작은 영상' 파일을 불러옵니다.

③ 작은 영상이 나타날 위치를 파악합니다.

④ '1번째 작은 영상'을 3번 트랙으로 드래그합니다.

⑤ '1번째 작은 영상'이 나타날 위치에 맞게 삽입되었는지 '미리보기' 창에서 확인해 봅니다.

⑥ '2번째 작은 영상'도 나타나야 할 위치에 맞게 3번 트랙에 드래그합니다.

⑦ '미리보기' 창에서 '1번째 작은 영상'과 '2번째 작은 영상'의 크기를 작게 조절합니다.

⑧ 크기를 조절한 동영상을 화면 안에서 원하는 위치로 이동시킵니다.

▶ 동영상에서 소리 제거하기

여러 개의 동영상에서 동시에 소리가 재생되면 내용을 전달하기 어렵습니다. 동영상에 있는 불필요한 소리를 제거하고, 완성된 파일을 저장해 봅니다.

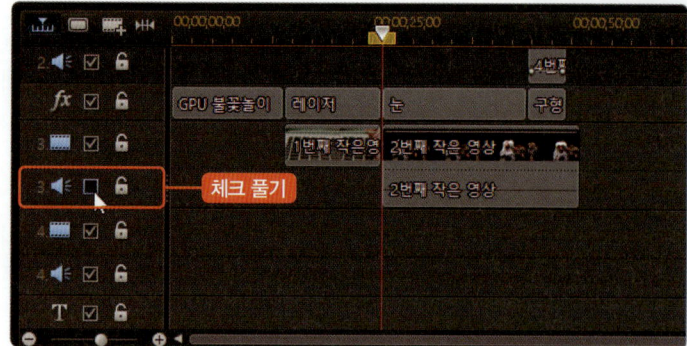

❶ 그림과 같이 '소리' 트랙에서 소리 '체크'를 비활성화하면 동영상과 함께 재생되는 소리를 제거할 수 있습니다.

❷ 완성한 파일을 저장하기 위해 [파일]-[동영상 제작]을 클릭합니다.

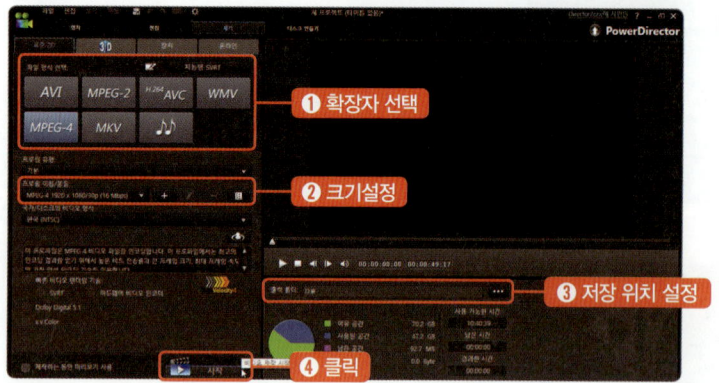

❸ '확장자'와 '크기', '저장 위치'를 설정하고 [시작] 버튼을 클릭하여 동영상을 저장합니다.

동영상에 자막 넣기

[유튜브 스타 되기 STEP 7]
① 쉽고 재미있게 자막 만들기-파워포인트 활용(무료 글꼴 공유)
② 동영상에 자막 넣기

▶ 핫핫 구독하기

파워포인트의 도형과 워드아트를 이용하여 재미있는 자막을 만들고, 동영상에 자막 넣는 방법에 대해 알아봅니다.

1 쉽고 재미있게 자막 만들기

 자막을 예쁘게 만들 자신이 없어요. 자막을 쉽고 예쁘게 만들 수 있는 방법이 없을까요?

자막을 만들 때 스타일이 좋은 글꼴을 사용하면 동영상이 더 멋져 보이겠지요? 자막은 동영상의 내용을 효과적으로 나타내는 기능도 한답니다.

▶ 무료 글꼴을 다운로드하기

① 사이트에 접속하여 글꼴을 다운로드합니다.

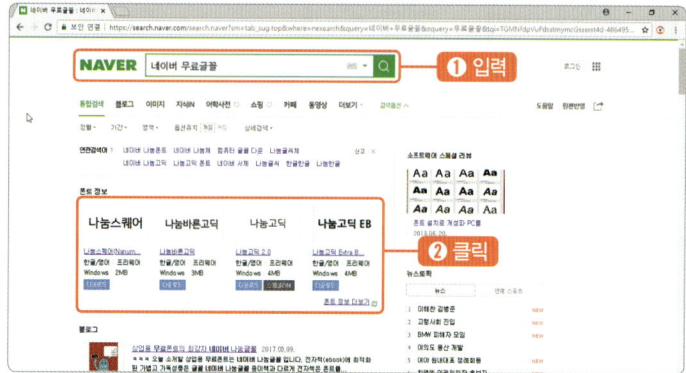

❶ 인터넷 검색 엔진 '네이버'를 실행합니다.
❷ 검색창에 '네이버 무료 글꼴'을 입력합니다.
❸ '폰트 정보'에서 원하는 글꼴을 선택해 '다운로드'를 클릭합니다.

● '다운로드' 버튼을 클릭합니다.

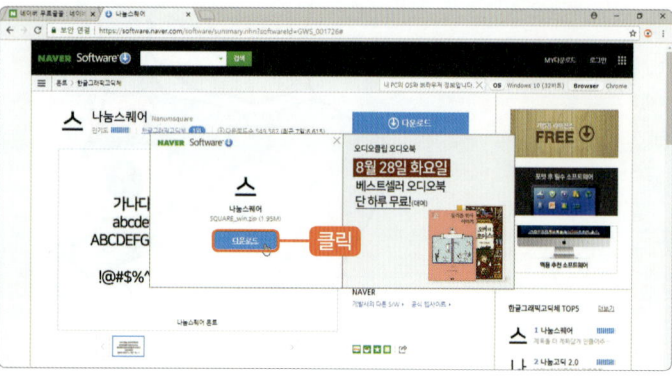

● 열린 창에서 '다운로드'를 클릭합니다.

▶ 다운로드한 글꼴을 컴퓨터에 적용하기

다운로드한 글꼴을 더블클릭하여 컴퓨터에 글꼴을 설치합니다. 제어판을 실행하여 [글꼴] 폴더에 다운로드한 글꼴을 넣습니다.

❶ 설치 단추를 클릭하여 글꼴을 적용해 봅니다.

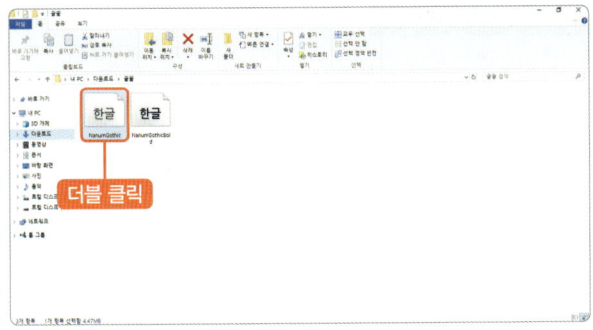

● 다운로드한 글꼴을 더블클릭합니다.

● '설치'를 클릭하여 글꼴을 컴퓨터에 설치합니다.

❷ 제어판을 활용하여 글꼴 설치해 봅니다.

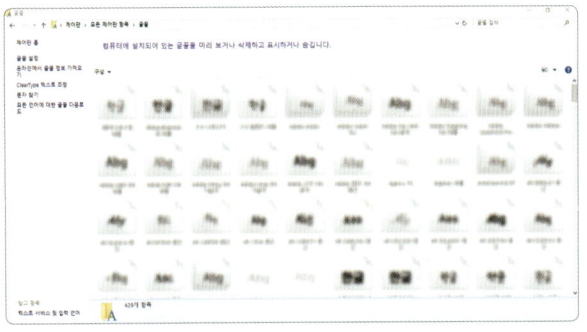

❶ 제어판을 실행합니다.
❷ [글꼴] 폴더를 더블클릭합니다.

● '글꼴' 창에서 미리 설치된 글꼴을 확인할 수 있습니다.

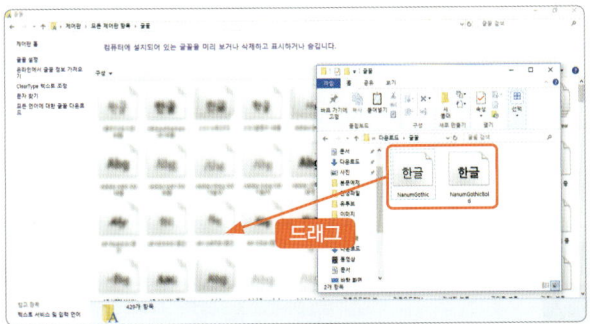
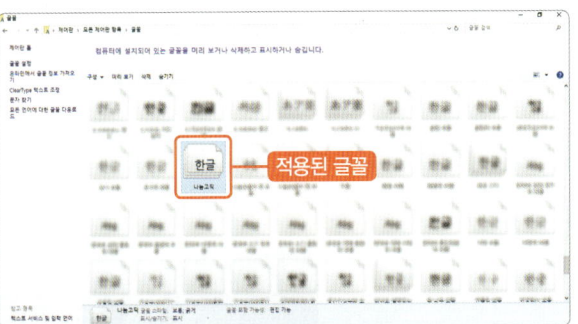

❶ 다운로드한 글꼴을 불러옵니다.
❷ '글꼴' 창에 다운로드한 글꼴을 드래그합니다.

● 적용된 글꼴을 확인할 수 있습니다.

▶ 무료 글꼴 사이트 알아보기

콘텐츠를 만들 때에는 무료로 사용할 수 있는 글꼴을 사용하는 것이 좋습니다.

❶ 아리따 글꼴

주소　http://www.apgroup.com/int/ko/about-us/visual-identity/arita-typeface.html

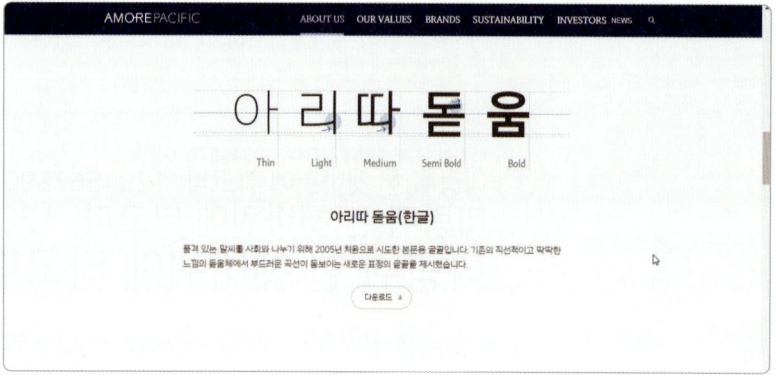

❷ 빙그레 글꼴

주소　http://www.bingfont.co.kr/about.html

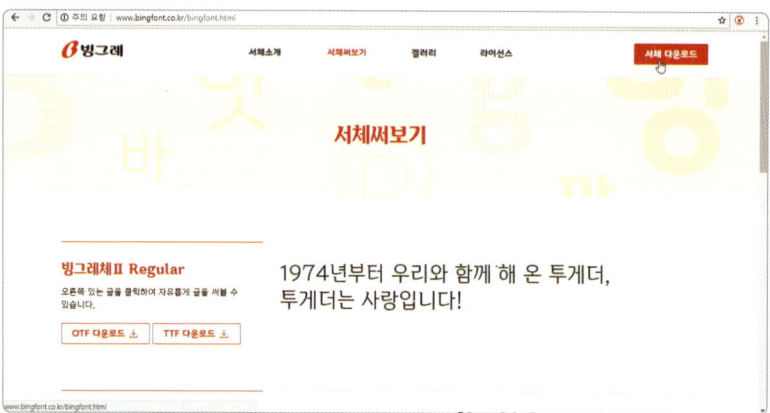

❸ 야놀자 글꼴

주소　http://yanolja.in/ko/yafont/

▶ 파워포인트를 이용하여 자막 만들기

파워포인트를 이용하여 자막과 어울리는 'PiP 개체'를 만들어 봅니다. 인터넷이나 무료 이미지 사이트에서 다운로드할 수 있습니다.

1 파워포인트를 실행하고 레이아웃을 '빈 화면'으로 설정합니다.

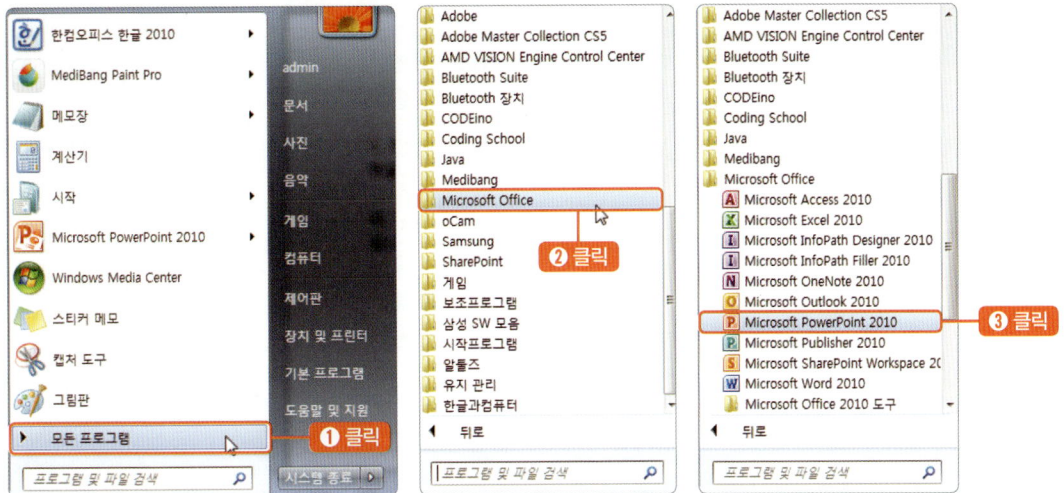

❶ 파워포인트 프로그램을 실행하기 위해 [시작]-[프로그램]-[Microsoft Office]-[Microsoft PowerPoint 2010]을 클릭합니다.

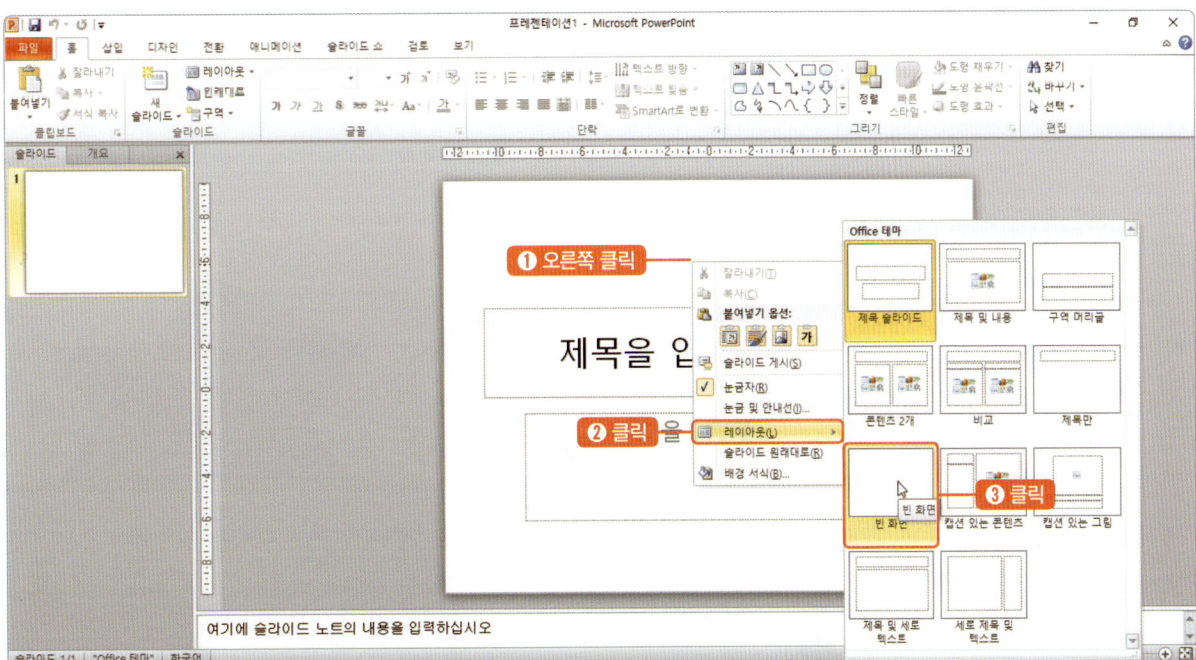

❷ 슬라이드 화면에서 마우스 오른쪽 버튼을 클릭하여 [레이아웃]-[빈 화면]을 클릭합니다.

❷ '헉'이라는 효과 PiP 개체를 만들어 봅니다.

 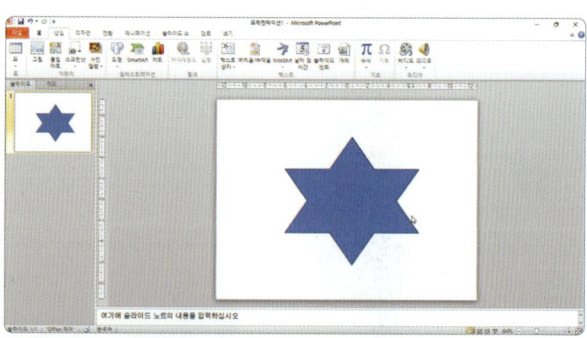

- '헉'이라는 PiP 개체를 만들기 위해 [삽입]-[도형]-[포인트가 6인 별]을 클릭합니다.
- 드래그하여 원하는 크기로 화면에 별을 그려 넣습니다.

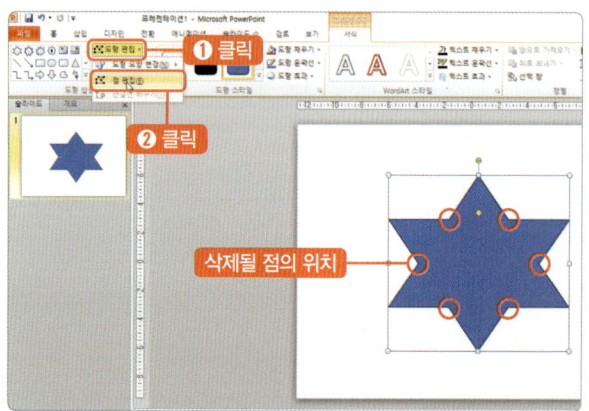 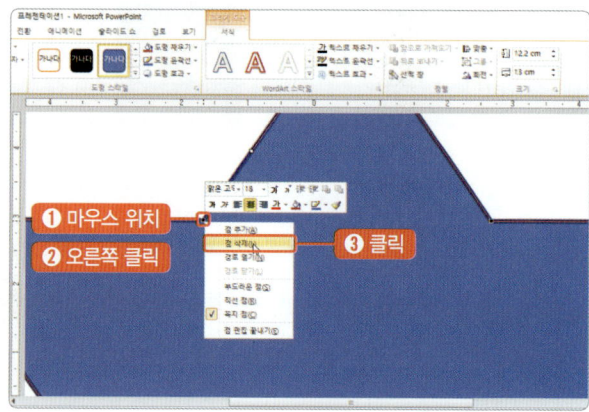

- '별'을 선택하고 [서식]-[도형 삽입]-[도형 편집]의 [점 편집]을 클릭합니다.
- ❶ 삭제할 '점' 위에 마우스를 올려 놓고 마우스 오른쪽 버튼을 클릭합니다.
- ❷ 단축 메뉴가 활성화되면 '점 삭제'를 클릭합니다.

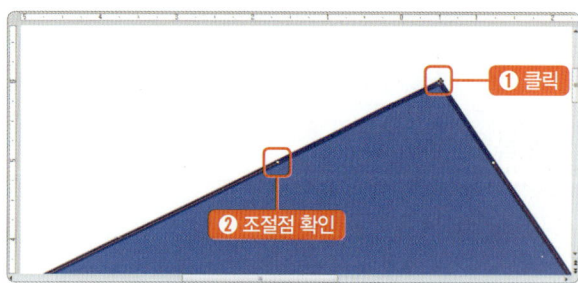 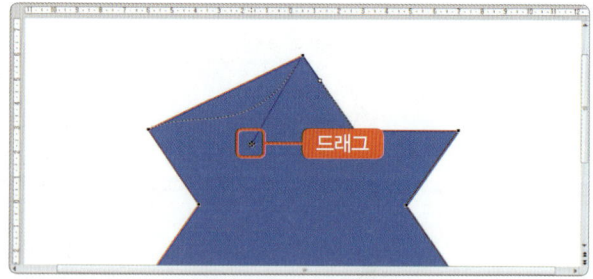

- '점'을 클릭하면 '흰색' 조절점이 표시됩니다.
- '조절점'을 아래로 끌어 둥근 모양을 만들어 봅니다.

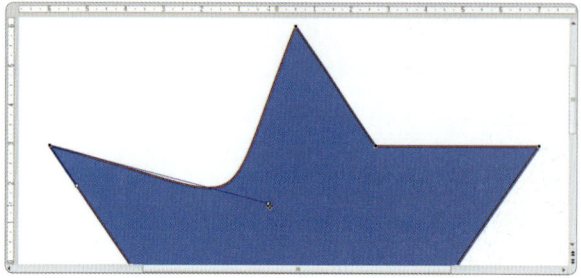 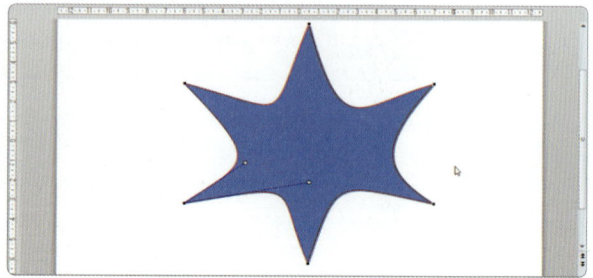

- 반대쪽 점도 위와 같은 방법으로 둥근 모양을 완성합니다.
- 나머지 점들도 모두 둥근 모양으로 완성합니다.

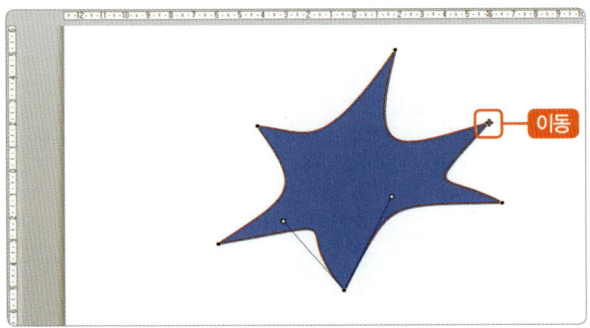
● '헉'의 느낌을 살릴 수 있도록 점을 이용하여 모양을 다듬어 줍니다.

● 도형 색을 채우기 위해 [서식]-[도형 스타일]-[색 채우기-검정, 어둡게1]을 선택합니다.

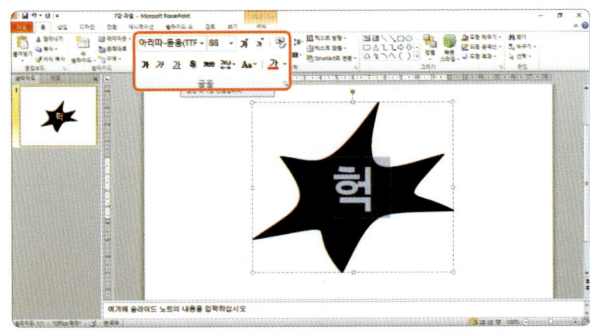
● '헉' 글자의 블록 영역을 선택하고 [홈]-[글꼴]에서 글자 서식을 변경합니다.

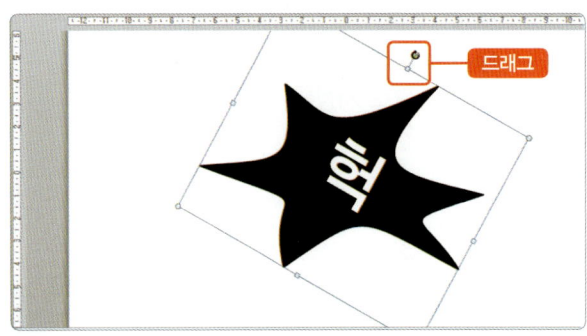
● 도형을 원하는 방향으로 회전시킵니다.

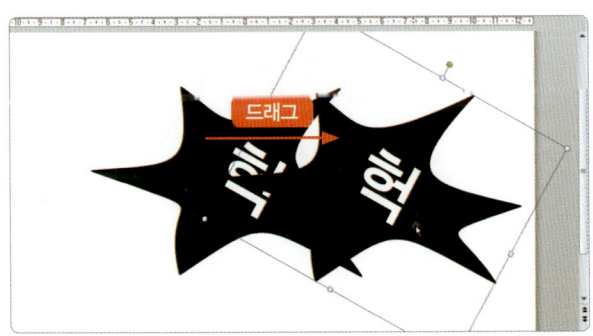
● 완성한 도형을 Ctrl 키를 누르고 마우스로 드래그하여 복사합니다.

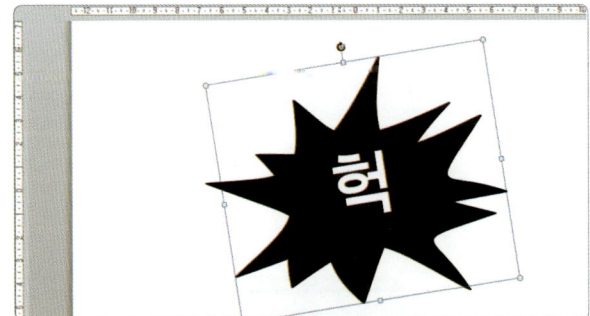
● 복사한 도형을 회전시켜 그림과 같이 겹칩니다.

❸ PiP 개체와 자막을 그림으로 저장합니다.

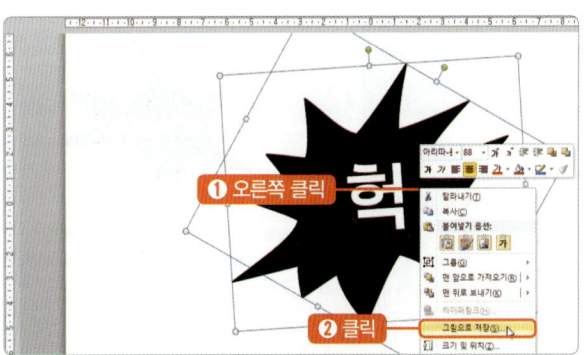

❶ '헉' 도형 2개를 모두 선택합니다.

❷ 선택한 도형 위에서 마우스 오른쪽 버튼을 클릭하여 [그림으로 저장]을 클릭합니다.

❶ '파일 이름'과 '저장 위치'를 설정합니다.

❷ 확장자는 그림의 배경이 없도록 'Png'로 저장합니다.

❹ 다양한 모양의 PiP 개체를 만들어 봅니다.

알아 두면 좋아요

PiP 개체 효과를 활용하면 글자만 이용하여 만든 자막보다 더 돋보이는 자막 효과가 만들어집니다.

❺ 글자 자막을 만들어 봅니다.

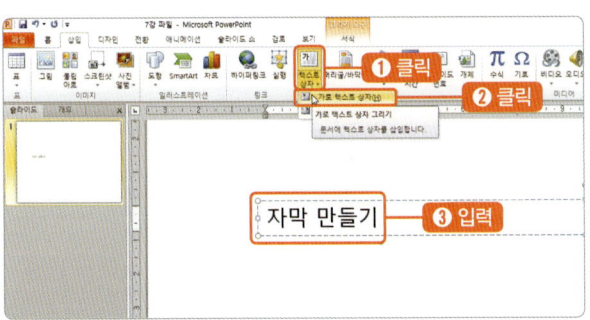 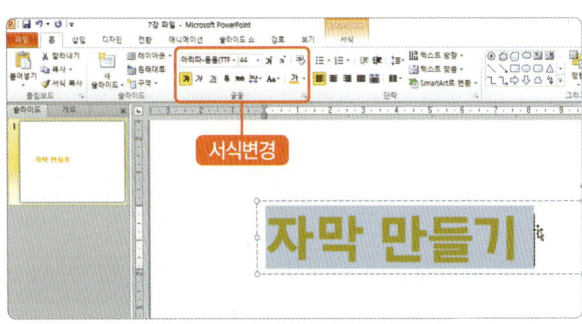

● ❶ 글자를 입력하기 위해 [삽입]-[텍스트 상자]-[가로 텍스트 상자]를 클릭합니다.
● ❷ '자막 만들기'를 입력합니다.

● [홈]-[글꼴]을 선택하여 글자 서식을 수정합니다.

 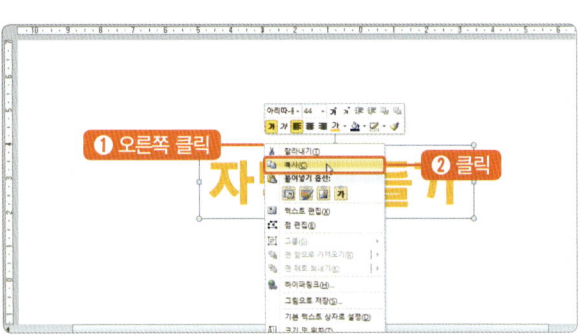

● 글자 영역을 '자막 만들기' 글자에 맞게 조절합니다.

● 글자를 선택하고 마우스 오른쪽 버튼을 클릭하여 '복사'합니다.

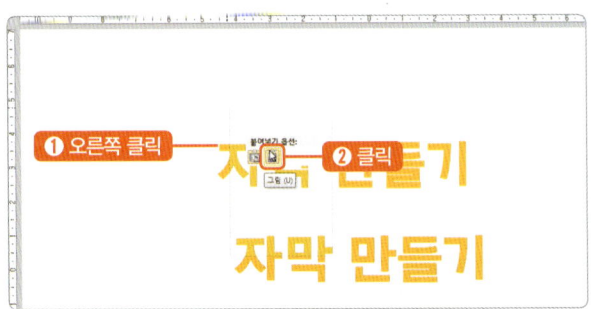 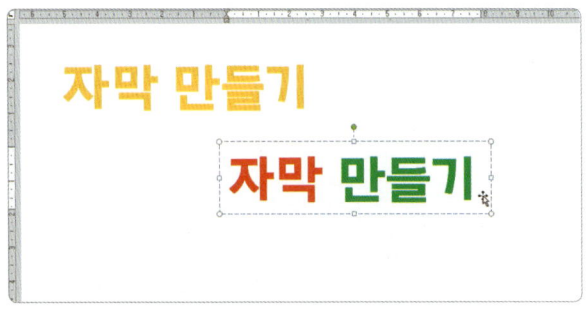

● 복사한 글자를 마우스 오른쪽 버튼을 클릭하여 '그림'으로 붙여 넣습니다.

● '자막 만들기'의 색을 다른 색으로 바꾸고 그림으로 저장합니다.

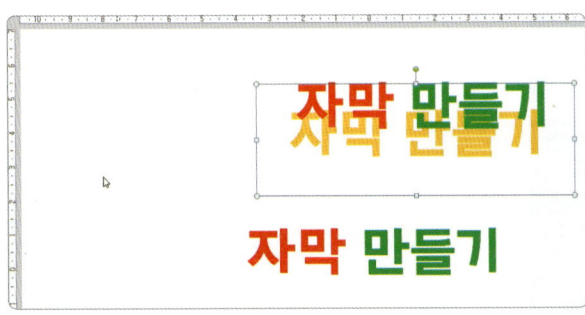 

● 복사한 두 그림을 겹칩니다.

● 위쪽에 있는 그림을 클릭하고 [서식]-[크기]-[자르기]를 클릭하여 그림을 반쯤 지웁니다.

2 동영상에 자막 넣기

그럼 제작한 자막은 동영상에 어떻게 넣어요? 위치는 어떻게 설정해야 하나요?

▶ 파워포인트로 만든 자막 이미지 넣기

● [미디어 룸]-[미디어 가져오기]-[7장] 폴더에서 '7장 영상자료'를 불러와 트랙으로 드래그합니다.

❶ [미디어 룸]-[미디어 가져오기]-[7장] 폴더에서 '놀람' 이미지를 불러옵니다.
❷ '놀람' 이미지를 두 번째 '영상' 트랙으로 드래그합니다.
❸ 이미지를 나타낼 시간만큼 타임라인의 길이를 조절합니다.

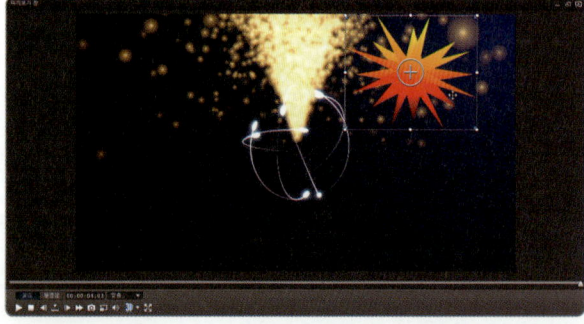

● '미리보기' 창에서 '놀람' 이미지의 크기를 조절합니다.

● 나머지 이미지도 트랙으로 드래그한 다음, 이미지 크기와 타임라인의 길이를 조절합니다.

▶ '파워디렉터 12' 프로그램에서 자막 만들기

'파워디렉터 12'에서도 자막을 멋있게 만들어 나타낼 수 있습니다.

1 자막을 제작하고 위치를 설정합니다.

- [타이틀 룸]-[기본]을 클릭하여 '텍스트' 트랙으로 드래그합니다.

- 트랙에 있는 '기본' 타이틀을 더블 클릭하여 '타이틀 디자이너'를 실행시킵니다.

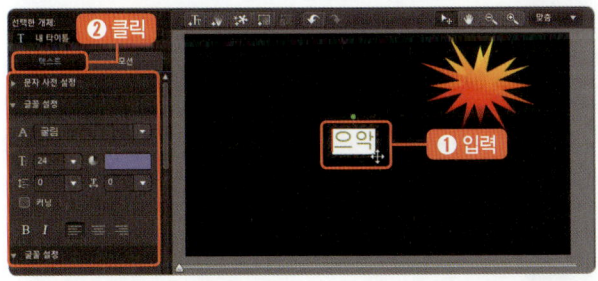

1. 텍스트 박스를 클릭하여 글자를 입력합니다.
2. 왼쪽 메뉴 중 '텍스트' 탭을 선택합니다.
3. '문자 유형'과 '글꼴' 등을 이용하여 글자를 꾸며 줍니다.

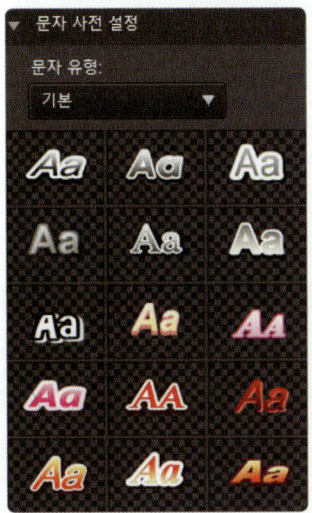
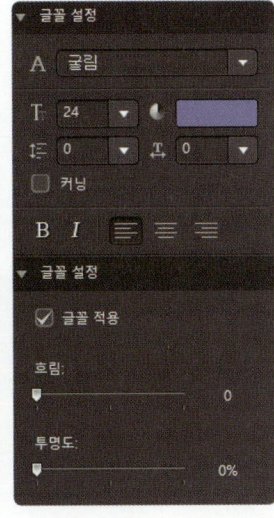
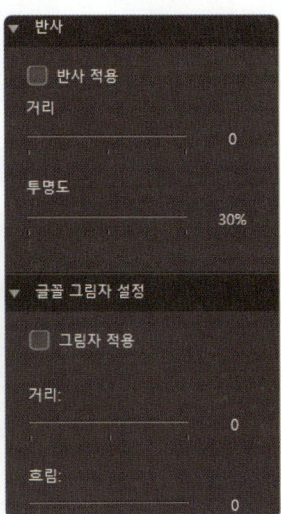
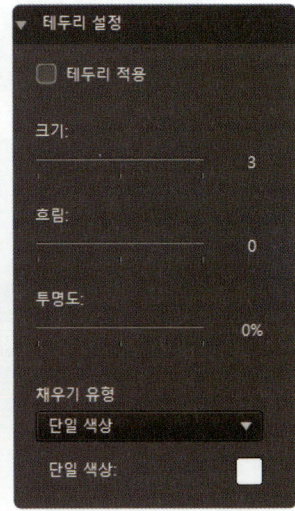

- 글자를 꾸밀 수 있는 옵션을 살펴봅니다.

❷ 애니메이션 효과를 지정합니다.

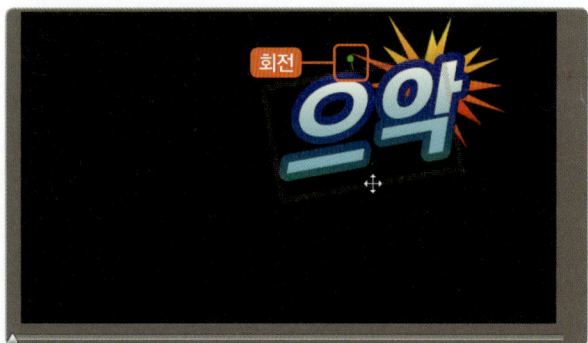

● 글자를 원하는 위치로 드래그하고, 글자를 회전시킵니다.

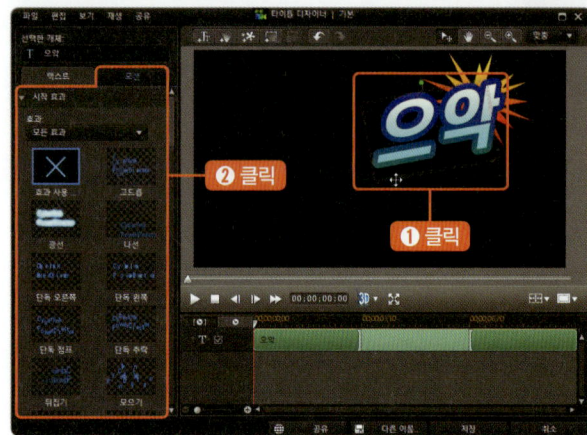

● '모션' 탭에서 글자에 애니메이션을 추가해 봅니다.
❶ '애니메이션'을 추가할 글자를 클릭합니다.
❷ '시작 효과'에서 원하는 효과를 선택합니다.
❸ '종료 효과'에서도 원하는 효과를 선택합니다.

> Tip
> • 시작 효과 : 글자가 나타날 때의 모양
> • 종료 효과 : 글자가 사라질 때의 효과

❶ 동영상 하단 트랙에서 '시작 모션'과 '종료 모션'의 타임라인을 알맞게 조절합니다.
❷ 조절이 끝나면 [저장]을 클릭합니다.

> Tip
>
> | 시작 효과 | 효과 표현 | 종료 효과 |
> |---|---|---|
> | 시작　　　종료 | 시작　　　종료 |

❶ 삽입된 자막의 타임라인을 조절합니다.
❷ 나머지 자막도 삽입하고 애니메이션을 추가합니다.
❸ '놀람', '황당' 등의 자막도 타임라인과 어울리게 조절합니다.

❸ [파일]-[동영상 제작]을 클릭하여 저장합니다.

Chapter 8

나만의 로고 만들기

[유튜브 스타 되기 STEP 8]
① 채널을 알리는 로고 만들기-파워포인트 활용
② 동영상에 로고 넣기

▶ 핫핫 구독하기

파워포인트의 도형과 텍스트 상자를 이용하여 자신의 채널을 소개할 수 있는 로고를 만들고, 동영상에 적용하는 방법에 대해 알아봅니다.

1 채널을 알리는 로고 만들기-파워포인트 활용

내가 만든 동영상이라는 것을 알릴 수 있는 나만의 로고가 있었으면 좋겠어요.
그런데 그래픽 프로그램의 사용법을 몰라요. 쉽게 만들 수 있는 방법이 없을까요?

그렇다면 로고를 만들 때 파워포인트 프로그램을 사용해 볼까요? 그래픽 프로그램을 사용한다면 더욱 편리하겠지만 파워포인트를 이용해도 훌륭한 로고를 만들 수 있습니다.

▶ 파워포인트로 로고 만들기

❶ 파워포인트를 실행하고 레이아웃을 '빈 화면'으로 설정합니다.

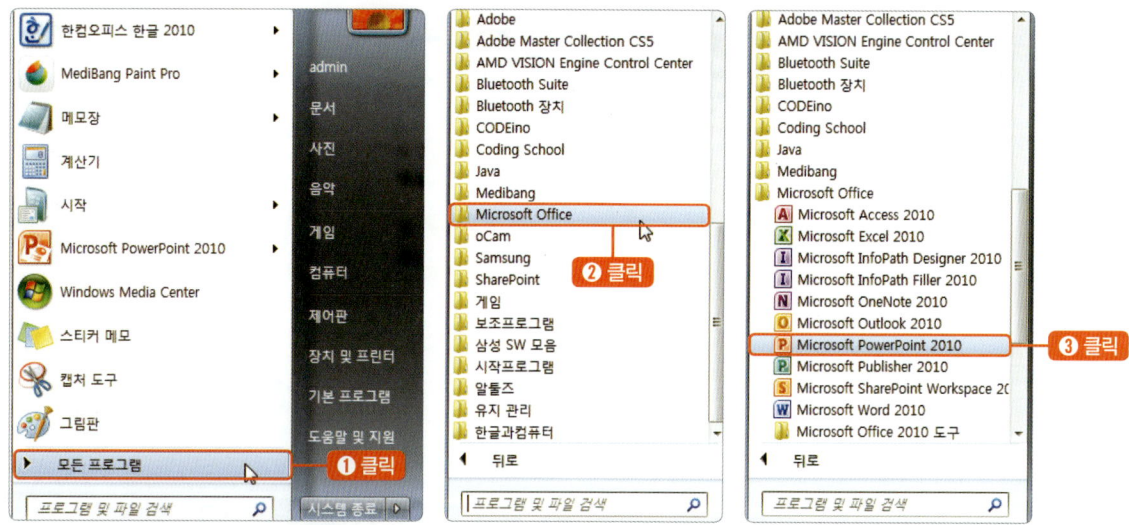

① 파워포인트 프로그램을 실행하기 위해 [시작]-[프로그램]-[Microsoft Office]-[Microsoft PowerPoint 2010]을 클릭합니다.

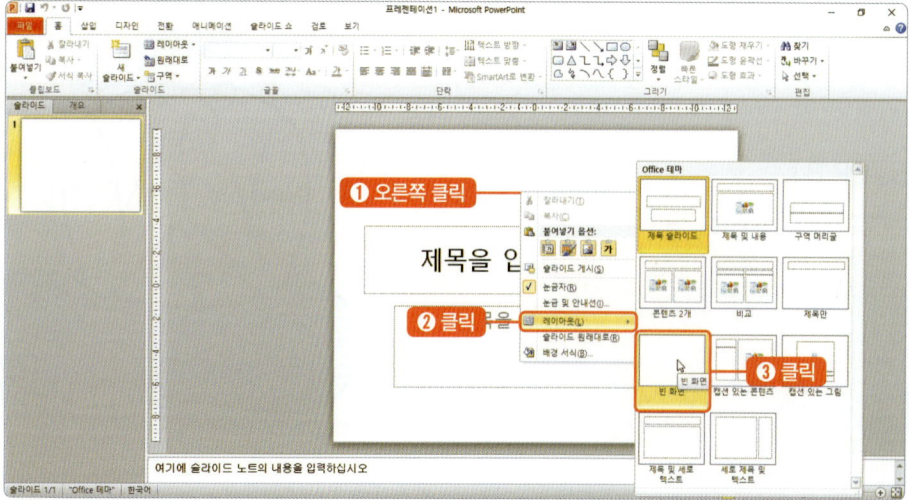

② 슬라이드 화면에서 마우스 오른쪽 버튼을 클릭하여 [레이아웃]-[빈 화면]을 클릭합니다.

❷ 텍스트 로고를 만들어 봅니다.

● 텍스트 로고를 만들기 위해 [삽입]-[텍스트]-[텍스트 상자]-[가로 텍스트 상자]를 순서대로 클릭합니다.

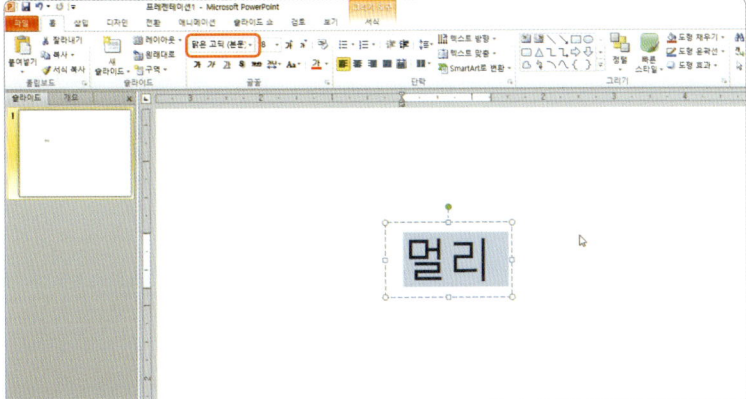

❶ 빈 화면에 대고 클릭합니다.
❷ 텍스트를 입력하고 [홈]-[글꼴]을 클릭하여 서식을 변경합니다.

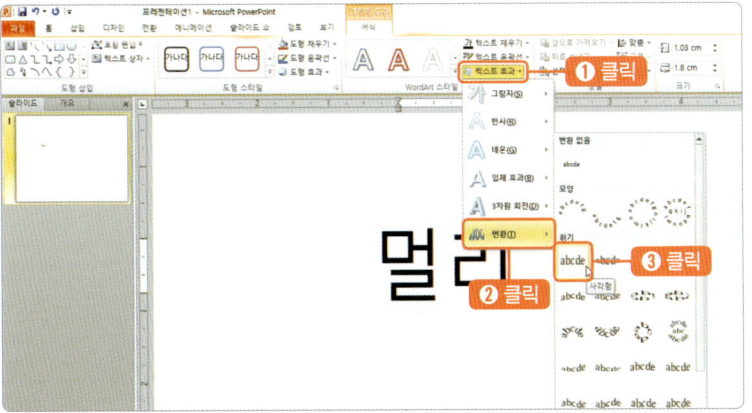

● 입력한 텍스트를 선택하고 [서식]-[WordArt]-[텍스트 효과]-[변환]-[휘기]-[사각형]을 클릭합니다.

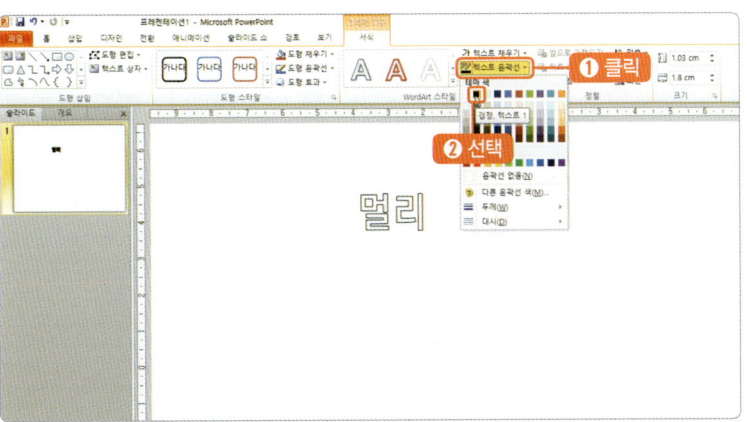

● 'WordArt'에서 '텍스트 채우기'와 '텍스트 윤곽선'을 이용하여 글자를 꾸밉니다.

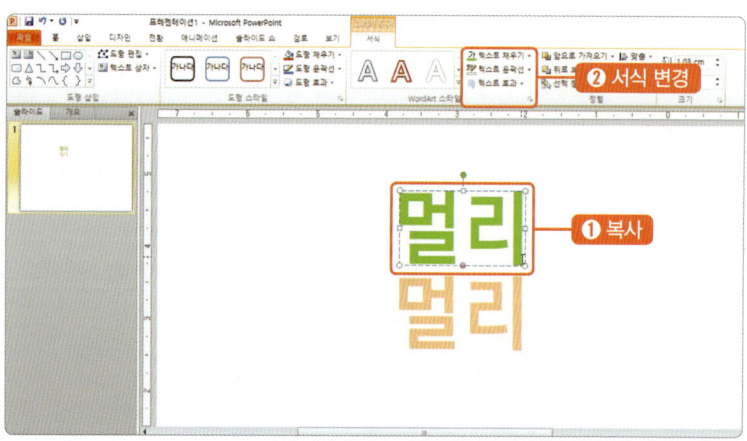

- 꾸민 글자를 하나 더 복사하여 그림과 같이 글 서식을 변경합니다.

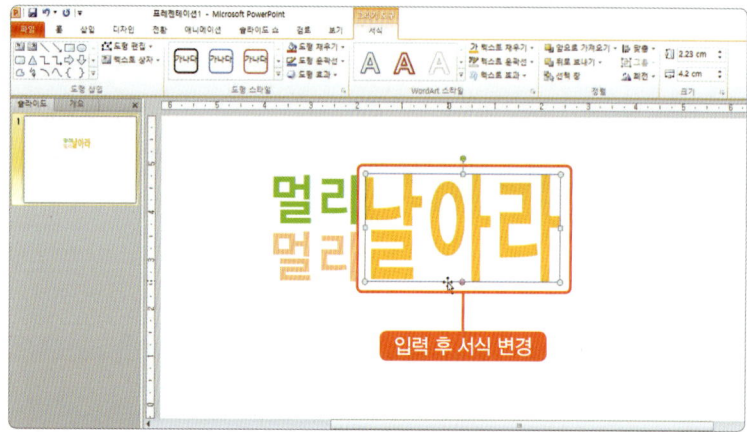

- 텍스트 상자로 '날아라' 입력하고, 글 서식을 이용하여 꾸밉니다.

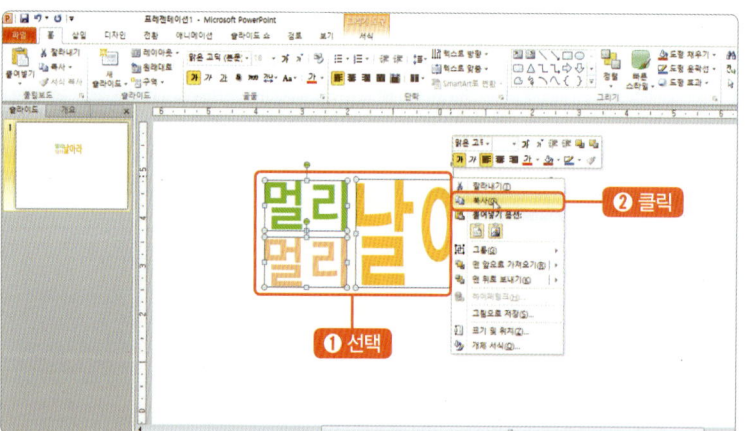

1. 입력한 텍스트를 모두 선택하여 마우스 오른쪽 버튼을 클릭합니다.
2. 단축 메뉴가 나오면 '복사'를 클릭합니다.

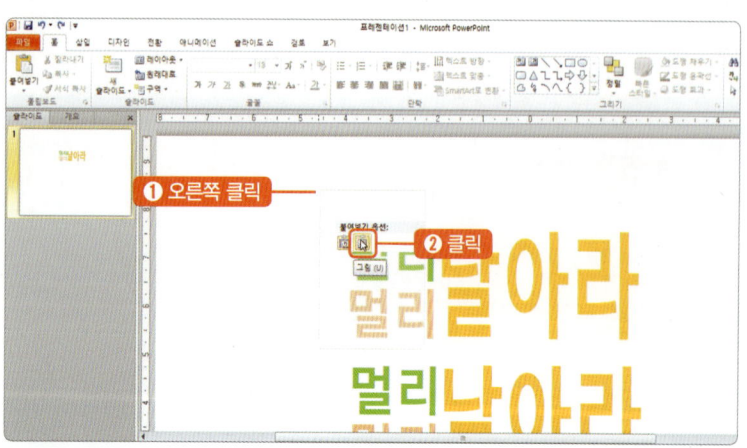

1. 빈 화면 창에서 마우스 오른쪽 버튼을 클릭합니다.
2. 단축 메뉴가 나오면 '그림'을 클릭하여 '이미지'로 붙여 넣습니다.
3. 텍스트로 입력한 것을 삭제합니다.

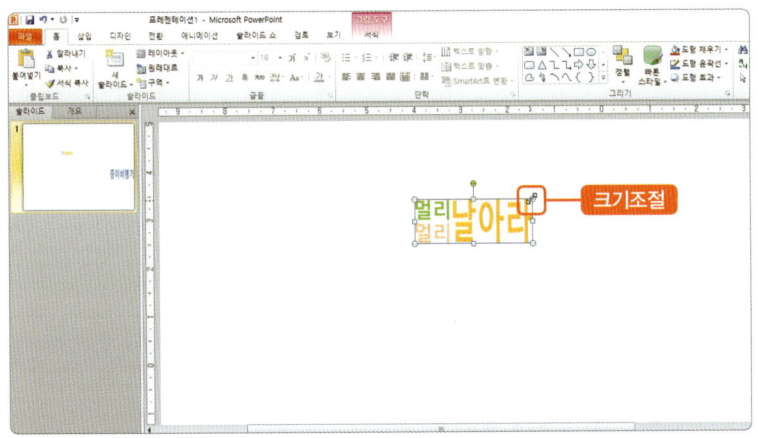

❶ 붙여 넣은 그림을 클릭합니다.

❷ 마우스를 크기 조절점에 가져다 놓고 마우스 포인터가 화살표로 바뀌면 크기를 조절합니다.

❶ [삽입]-[텍스트]-[텍스트 상자]-[가로 텍스트 상자]를 순서대로 클릭합니다.

❷ '종이비행기'를 입력합니다.

❸ [서식]-[텍스트 채우기]와 [텍스트 윤곽선]을 이용하여 글자를 꾸며 줍니다.

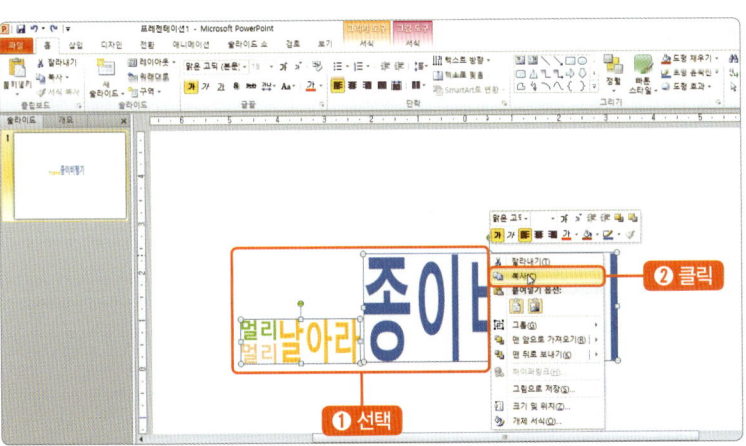

❶ 텍스트와 그림 개체를 전부 선택하여 마우스 오른쪽 버튼을 클릭합니다.

❷ 단축 메뉴가 나오면 '복사'를 클릭합니다.

❸ 텍스트로 입력한 것은 삭제합니다.

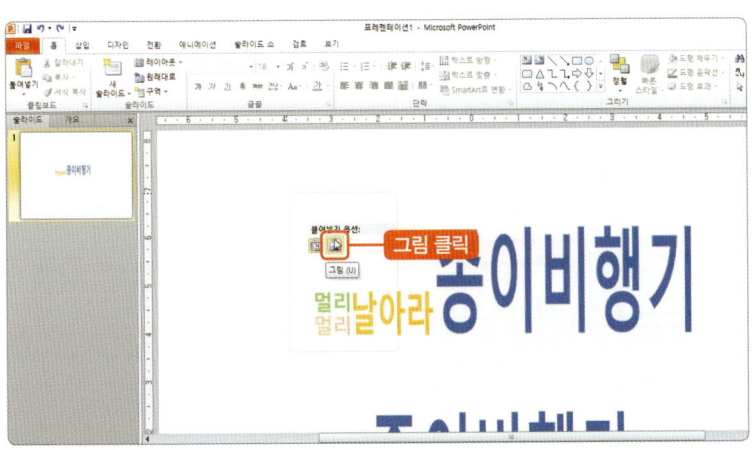

❶ 빈 화면 창에서 마우스 오른쪽 버튼을 클릭합니다.

❷ 단축 메뉴가 나오면 '그림'을 클릭하여 '이미지'로 붙여 넣습니다.

❸ 도형과 텍스트를 이용하여 로고를 만들기

- 도형으로 로고를 만들기 위해 [삽입]–[일러스트레이션]–[도형]에서 다각형(△)을 클릭합니다.

- 화면에 마우스를 클릭하면서 비행기의 날개 모양을 만들어 봅니다.

- 비행기 날개를 꾸미기 위해 [서식]–[도형 스타일]–[도형 채우기]에서 색을 채웁니다.

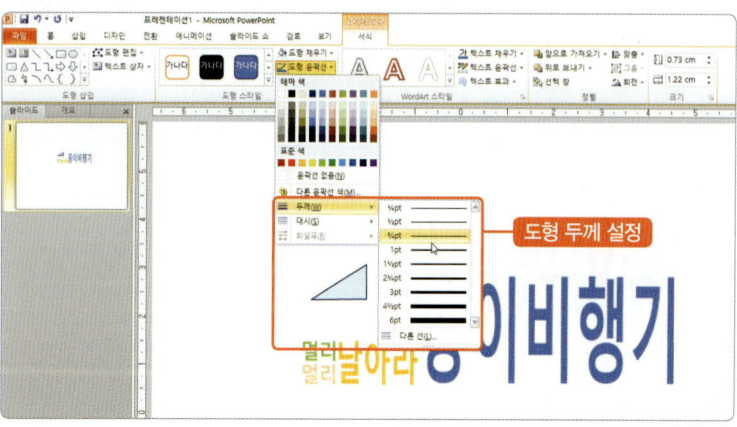

- [도형 윤곽선]에서 '선'의 두께를 얇게 조절합니다.

- 날개를 복사하여 반대쪽에 날개를 만든 후 [서식]-[정렬]-[상하 대칭]을 클릭합니다.

- 비행기의 몸통을 만들기 위해 [삽입]-[일러스트레이션]-[도형]-[순서도: 지연(D)]을 클릭하여 몸통을 그립니다.

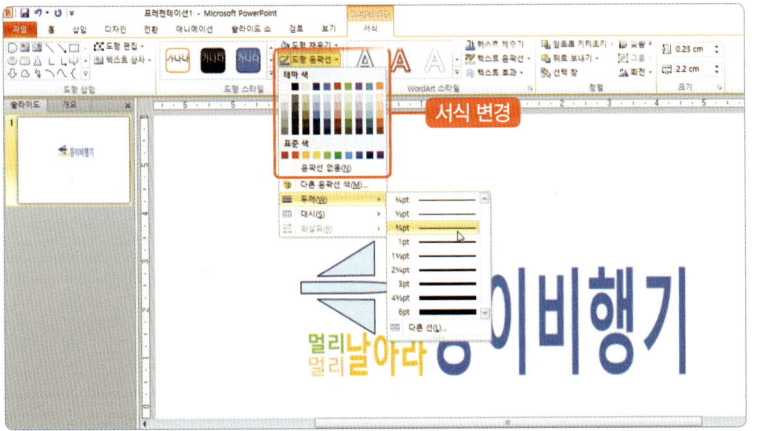

- 비행기 몸통을 꾸미기 위해 [서식]-[도형 스타일]-[도형 채우기]에서 색을 채웁니다.

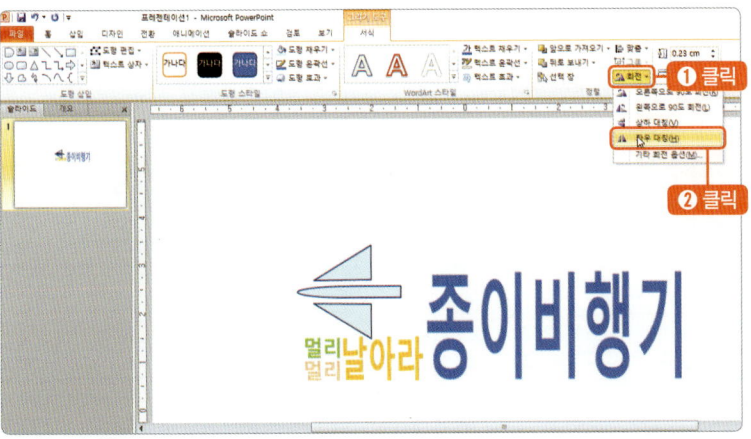

- 비행기 몸통을 [서식]-[정렬]-[좌우 대칭]을 클릭하여 좌우로 회전시킵니다.

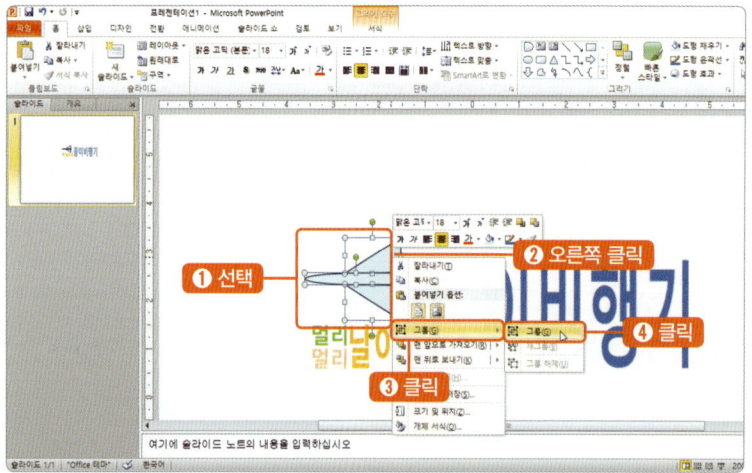

❶ 비행기 도형을 모두 선택합니다.
❷ 선택한 도형 위에서 마우스 오른쪽 버튼을 클릭합니다.
❸ 단축 메뉴가 나오면 [그룹]-[그룹]을 클릭합니다.

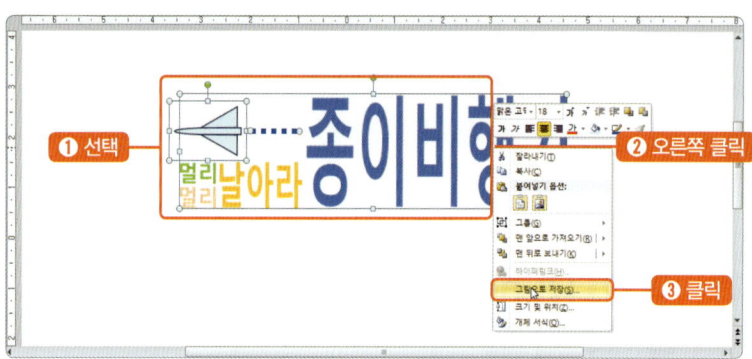

❶ 비행기의 크기를 조절한 후, 도형을 이용하여 로고를 꾸며 줍니다.
❷ 글과 도형을 전부 선택하여 마우스 오른쪽 버튼을 클릭합니다.
❸ 단축 메뉴가 나오면 '그림으로 저장'을 클릭합니다.

❶ '위치'와 '파일 이름'을 지정합니다.
❷ 파일 형식은 'PNG'로 지정합니다.
❸ '저장'을 클릭합니다.

2 동영상에 로고 넣기

 크터 선생님! 스스로 만든 로고를 동영상에 넣는 방법을 알려 주세요.

 동영상에 로고를 넣어 볼까요? 로고도 파워포인트를 활용하여 그림 이미지로 만들었기 때문에 동영상에 넣는 방법은 쉽습니다.

▶ 동영상에 로고 넣기

▶예제 파일 : 8장 폴더

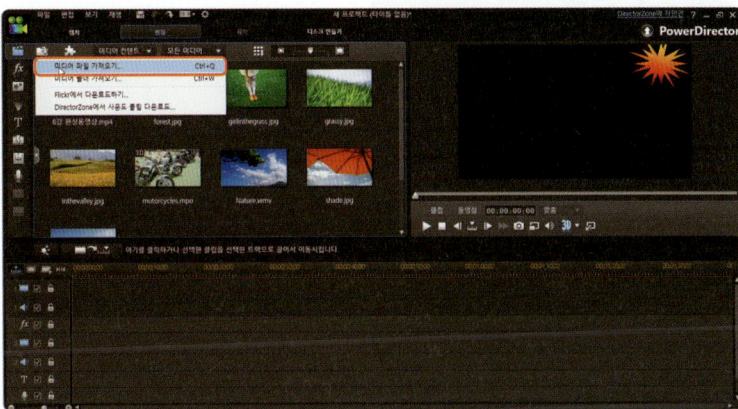

- [미디어 룸]-[미디어 가져오기]-[8장_영상자료]를 불러옵니다.

- '8장_영상자료'를 트랙으로 드래그합니다.

- [미디어 룸]-[미디어 가져오기]를 통해 '로고' 파일을 불러옵니다.

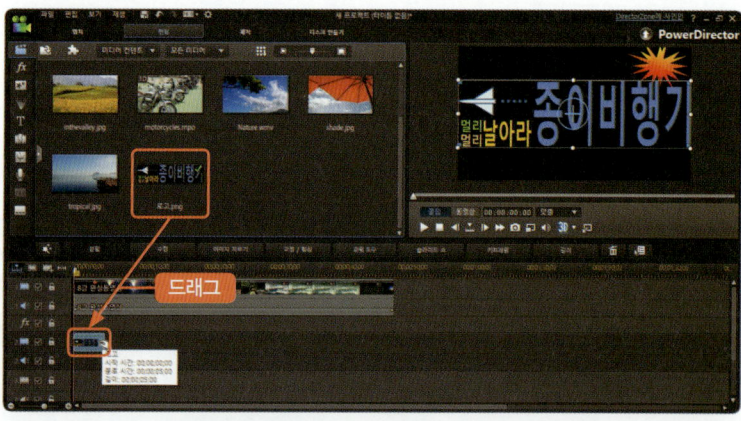

- 불러온 '로고'를 트랙으로 드래그합니다.

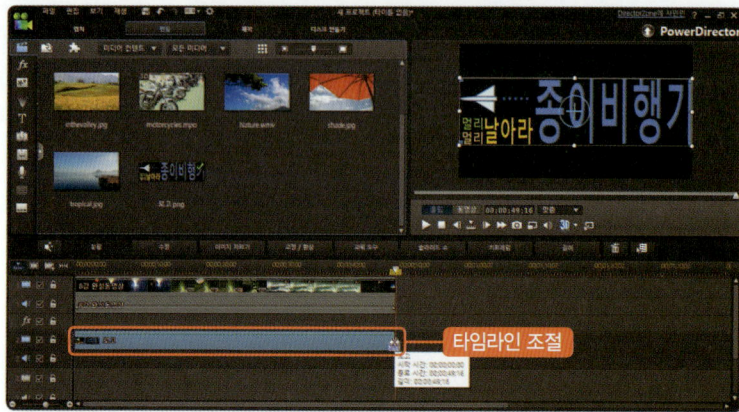

- '로고'의 타임라인을 동영상의 길이와 똑같이 조절합니다.

① '미리보기' 창에서 '로고'의 크기를 조절합니다.
② 원하는 위치로 '로고'를 드래그합니다.

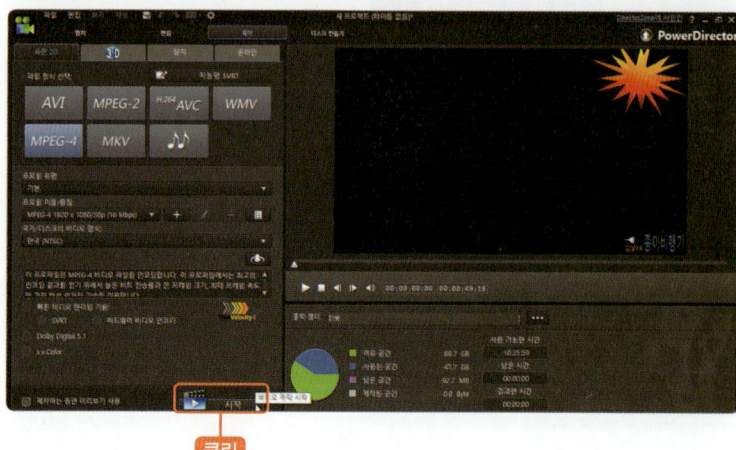

- 영상을 실행시켜 보고, 로고의 위치를 확인한 다음 동영상을 저장합니다.

Chapter 9

동영상에 음악과 음성 넣기

[유튜브 스타 되기 STEP 9]
1. 나만의 효과음 만들기
2. 인터넷에서 필요한 '효과음' 찾기
3. 인터넷에서 필요한 '배경 음악' 찾기
4. 동영상에 음악과 음성 넣기

▶ 핫핫 구독하기

동영상에 필요한 효과음을 만드는 방법과 인터넷에서 무료로 사용할 수 있도록 배포하는 효과음을 다운로드하는 방법에 대해 알아봅니다.

1 나만의 효과음 만들기

크터 선생님! 동영상을 다 만들었는데요. 동영상이 좀 밋밋한 거 같아요. 나만의 독특한 효과음을 넣고 싶은데 방법이 없을까요?

우리가 가지고 있는 스마트폰의 앱을 이용하면 간단하게 효과음을 만들 수 있어요. 한번 해 볼까요?

▶ 나만의 효과음을 만드는 방법

❶ 스마트폰에 앱을 설치합니다. (안드로이드)

❶ 스마트폰을 켭니다.
❷ Play 스토어를 실행합니다.
❸ '효과 적용 음성 변환기'를 검색합니다.
❹ '효과 적용 음성 변환기'를 설치합니다.
❺ 프로그램을 실행합니다.

❷ 음성을 녹음한 다음, 변환시켜 봅니다.

❶ 프로그램이 실행되면 상단에 위치한 마이크를 클릭합니다.
❷ 화면이 다음 장면으로 바뀌면 다시 한번 마이크를 눌러 녹음을 시작합니다.

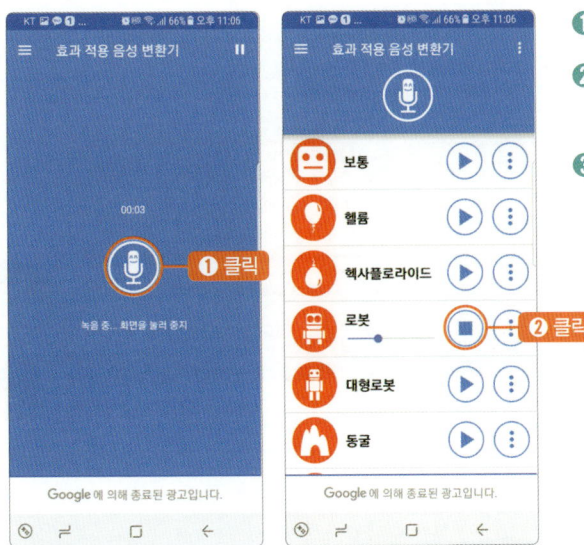

① 녹음을 끝내려면 마이크를 클릭합니다.

② '이전' 화면으로 바뀌면 변환하고 싶은 음성의 실행 버튼을 클릭하여 소리를 들어 봅니다.

③ 여러 가지 음성 중에 마음에 드는 소리를 찾습니다.

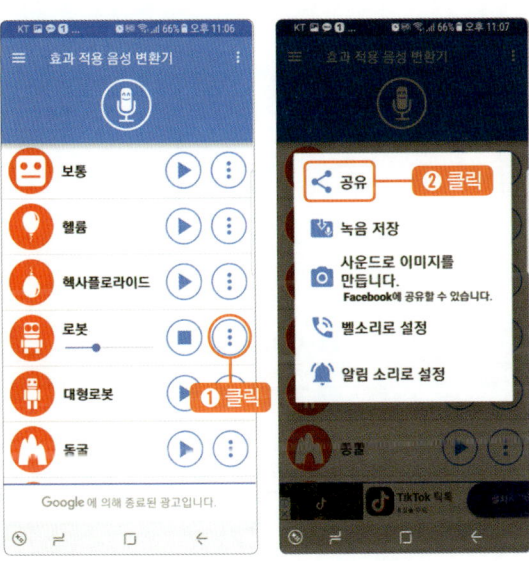

① 마음에 드는 음성을 찾았다면 실행 버튼 옆에 '설정( )' 버튼을 클릭합니다.

② 공유 화면이 뜨면 '공유'를 클릭하여 자신의 메일 주소로 이메일을 보냅니다.

③ 컴퓨터 인터넷에서 이메일에 로그인하여 공유한 효과음을 다운로드합니다.

Tip 앱을 종료하면 녹음한 파일은 자동 삭제됩니다.

2 인터넷에서 필요한 '효과음' 찾기

효과음을 열심히 만들었는데 마음에 들지 않아요!
이미 만들어져 있는 효과음을 사용할 수 있는 방법은 없나요?

효과음을 직접 만들어 보는 것도 좋은데요. 생각한 대로 잘 되지 않을 때가 있을 거예요. 이런 때에는 만드는 시간도 그만큼 오래 걸릴 수 있습니다. 지금부터 인터넷에서 효과음을 다운로드하는 방법을 찾아볼까요?

▶ 인터넷에서 '효과음' 찾기

① '익스플로러'가 아닌 '크롬'으로 무료 효과음 사이트에 접속합니다.

주소 https://soundeffect-lab.info

이 사이트는 '일본 사이트'로 '한국어'가 아니라서 검색하는 데 어려움이 있으므로 번역이 가능한 '크롬'을 통해 접속합니다.

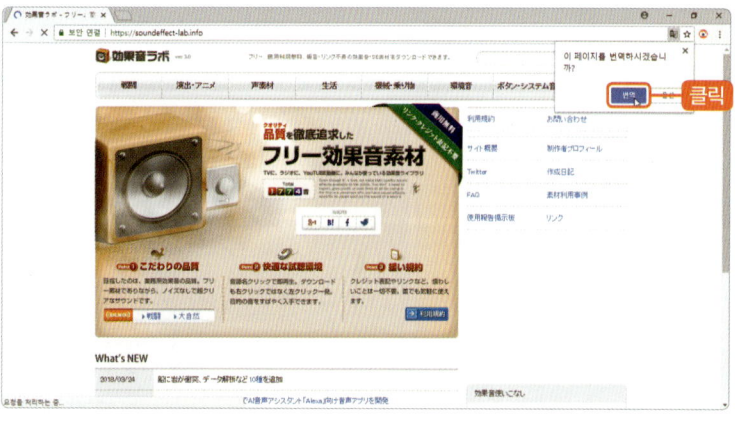

❶ 사이트에 접속합니다.
❷ '한국어'로 번역합니다.
❸ "번역하시겠습니까?"라는 메시지가 열리지 않으면 마우스 오른쪽 버튼을 클릭하여 [한국어로 번역하기]를 클릭합니다.

● 한국어로 번역되면 그림과 같이 어떤 효과음들이 있는지 쉽게 확인할 수 있습니다.

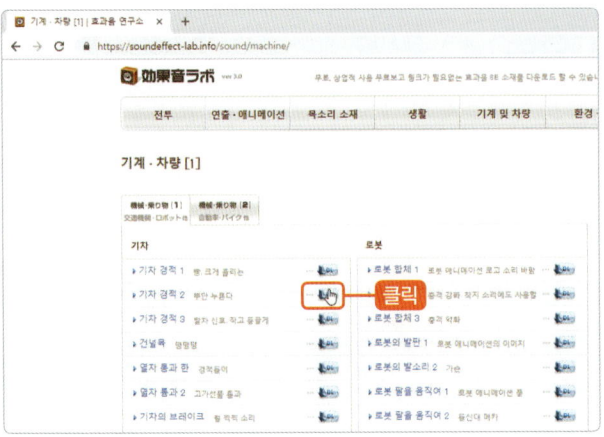

❶ 메인 페이지에 어떤 종류의 효과음이 있는지 확인합니다.

❷ 마음에 드는 효과음이 있으면 그림과 같이 '다운로드' 버튼을 클릭합니다.

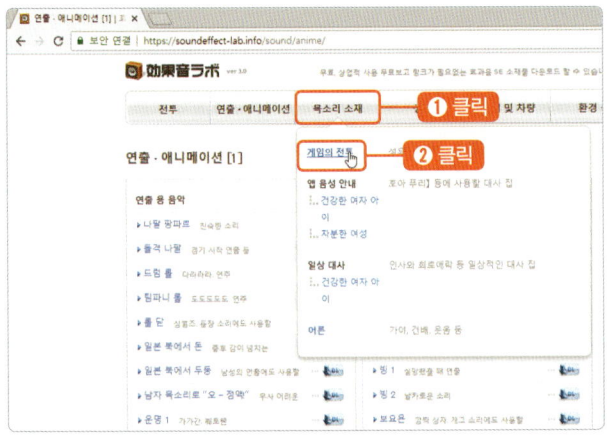

● 상단의 카테고리에 어떤 효과음들이 있는지 각각 클릭해 봅니다.

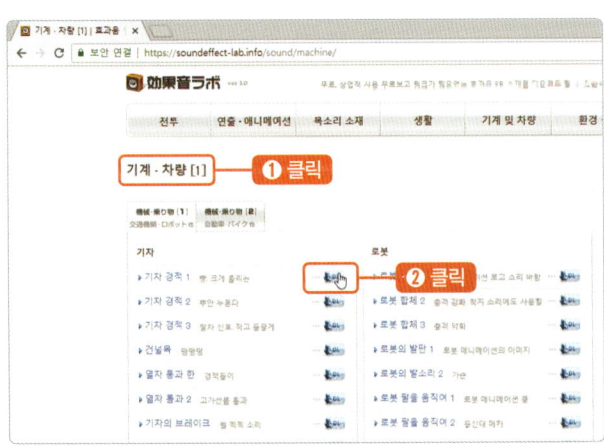

❶ 다운로드할 카테고리로 이동합니다.

❷ 여러 가지 효과음 중에서 마음에 드는 효과음을 다운로드합니다.

❶ 컴퓨터의 [다운로드] 폴더 창으로 이동합니다.

❷ 다운로드한 효과음을 실행해 봅니다.

3 인터넷에서 '배경 음악' 찾기

 동영상에 배경 음악을 넣고 싶어요. 그런데 저작권이 있는 음악은 마음대로 사용하면 안 된다고 들었어요. 허락을 받지 않고 무료로 사용할 수 있는 배경 음악은 없을까요?

 우리가 직접 작곡을 하거나 연주, 녹음까지 하여 '배경 음악'을 만드는 것은 쉬운 일이 아닙니다. 스마트폰을 이용하여 음악을 만들 수는 있지만, 그것 또한 쉬운 일이 아니지요. 무료로 배포하는 음악을 다운로드하여 사용해 보아요.

▶ 인터넷에서 배경 음악 찾기

❶ 유튜브 사이트에 접속하여 무료 음악을 다운로드합니다.

❶ 크롬을 실행합니다.
❷ 크롬을 로그인합니다.
❸ '검색창'에 '유튜브 오디오 라이브러리'를 입력합니다.
❹ 'Audio Library - YouTube'를 클릭합니다.

알아 두면 좋아요

네이버에서 접속해도 됩니다.

● [만들기]-[오디오 라이브러리]가 바로 실행됩니다.

알아 두면 좋아요

유튜브에서 제공하는 음악은 저작권 문제가 없지만, 화면 윗부분에 링크된 '사용 중인 음악의 저작권 정책'을 한 번씩 읽어 보고 필요할 때 참고하세요.

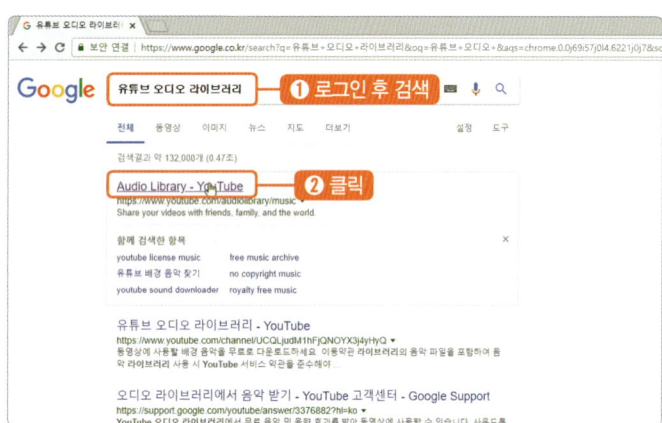

❶ 오른쪽에 나열된 장르를 확인하면서 원하는 음악을 찾습니다.
❷ '제목' 옆 실행 버튼을 클릭하여 음악을 재생시켜 봅니다.

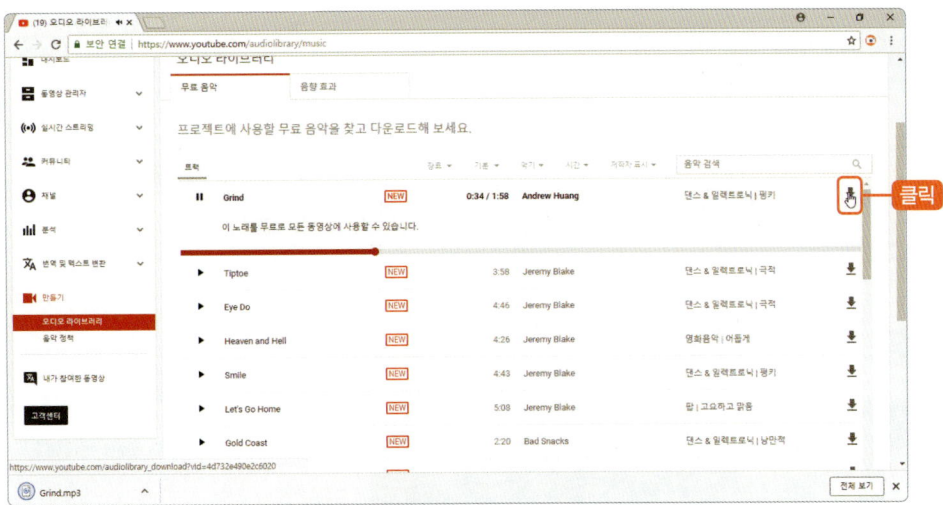

① 마음에 드는 배경 음악을 찾았다면 [다운로드] 버튼을 클릭합니다.

② 크롬에서 다운로드하면 위치가 자동으로 '다운로드' 폴더로 지정됩니다.

❷ 유튜브에서 효과음을 다운로드해 봅니다.

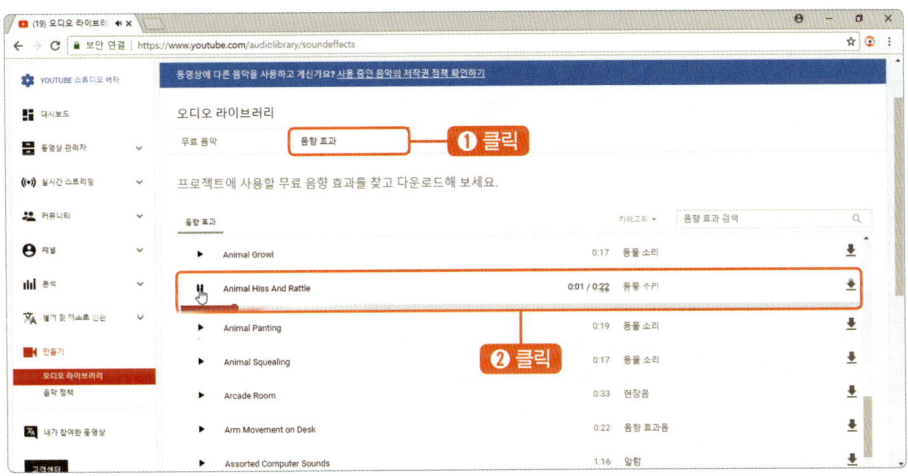

① 상단 메뉴 중 '음향 효과' 탭을 클릭합니다.

② 효과음 중 마음에 드는 효과음을 찾아봅니다.

③ 효과음을 들어봅니다.

④ 효과음이 마음에 들면 다운로드합니다.

⑤ 크롬에서 다운로드하면 위치가 자동으로 [다운로드] 폴더로 지정됩니다.

❸ 배경 음악은 동영상에 적용했을 때 어울리지 않을 수도 있습니다. 그렇기 때문에 동영상에 어울릴 만한 음악을 여러 개 다운로드해 놓는 것이 좋습니다.

4 동영상에 음악과 음성 넣기

다운로드한 음악과 효과음을 동영상에 적용하고 싶어요! 크터 선생님 어떻게 하면 되죠?

▶ 동영상에 효과음과 배경 음악 적용해 보기

▶예제 파일 : 9장 폴더

- [미디어 룸]-[미디어 가져오기]-[9장 동영상자료]를 불러옵니다.

- [9장 동영상자료]를 트랙으로 드래그 합니다.

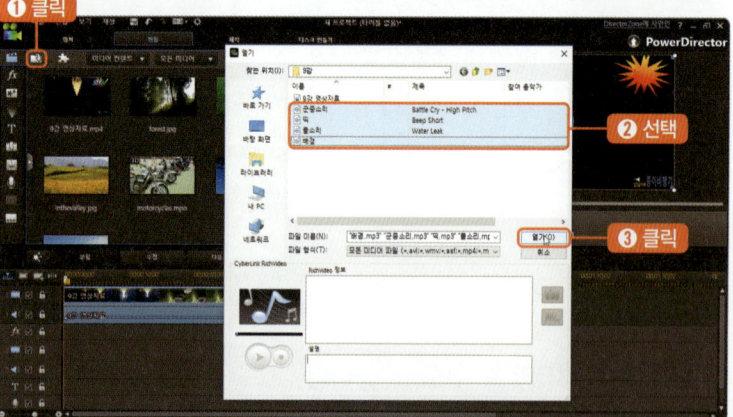

❶ [미디어 룸]-[미디어 가져오기]를 클릭합니다.

❷ 열기창이 열리면 효과음 '군중소리', '딱', '물소리', '배경'을 불러 옵니다.

- 배경 음악을 넣기 위해 트랙에 있는 '동영상'의 소리를 비활성화(체크 제거) 합니다.

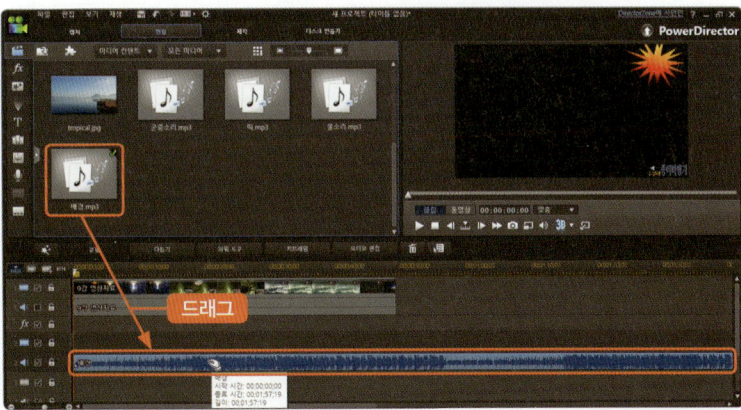

● '배경 음악' 파일을 '음악' 트랙으로 드래그합니다.

● '배경 음악'의 타임라인이 '영상자료' 타임라인을 넘어가므로 '배경 음악'의 타임라인과 똑같이 줄여 줍니다.

❶ 음량 선에 마우스를 클릭하여 포인트를 하나 생성한 후 포인트를 트랙 안에서 맨 위로 드래그하여 음량을 높입니다.

❷ 동영상의 끝 부분에서 음량을 줄이기 위해 마지막 포인트를 클릭하여 포인트를 추가하고 포인트를 맨 아래로 드래그합니다.

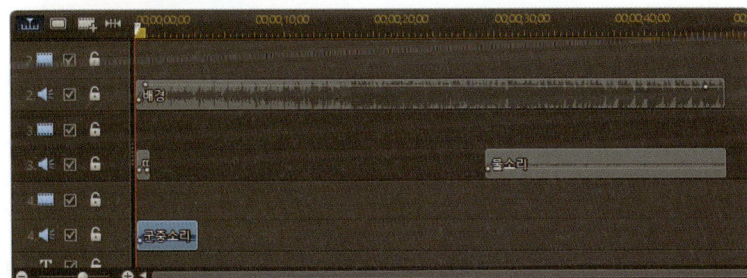

❶ 다른 효과음들도 '음악' 트랙으로 드래그합니다.

❷ '효과음'들을 동영상에 어울리게 알맞은 타임라인 위치에 드래그합니다.

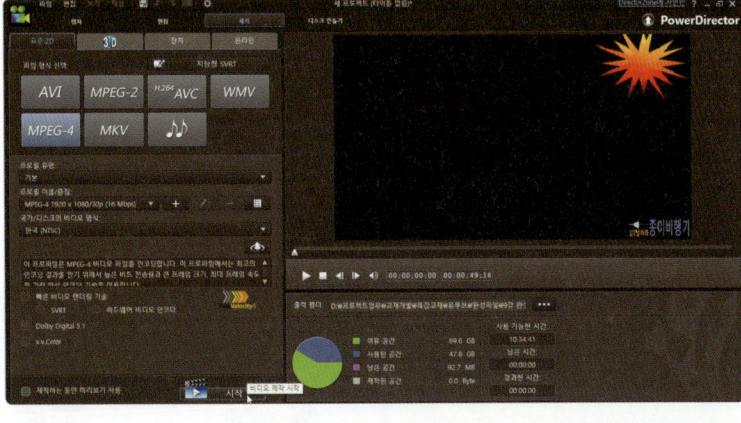

● 효과음을 모두 삽입했다면 '원하는 위치' 파일에 동영상으로 저장합니다.

Chapter 10

나만의 스타일로
인트로 동영상 만들기

[유튜브 스타 되기 STEP 10]
❶ 나만의 캐릭터 만들기
❷ 배경 이미지 만들기(파워포인트 활용)
❸ 인트로 자막 만들기(파워포인트 활용)
❹ 인트로 동영상 완성하기

▶ 핫핫 구독하기

파워포인트의 도형과 텍스트, 애니메이션을 이용하여 간단하게 인트로 동영상을 제작하는 방법에 대해 알아봅니다.

1 나만의 캐릭터 만들기

 인트로에 사용할 나만의 캐릭터를 만들고 싶은데요. 저는 그림 그리는 실력이 없어서 걱정이에요. 멋진 캐릭터를 갖고 싶은데, 크터 선생님 어떻게 하면 좋을까요?

 인터넷 사이트에는 나만의 캐릭터를 만들 수 있도록 도와주는 곳이 많이 있습니다. 간단하게는 스마트폰 앱도 있지요. 인터넷 사이트를 이용하여 캐릭터를 만들어 볼까요?

▶ **아바타를 이용하여 나만의 캐릭터 만들기**

❶ '크롬'을 통해 캐릭터를 만들 사이트에 접속합니다. 그리고 '한국어로 번역'하여 사용합니다.

주소 https://faceyourmanga.com/

● 상단 메뉴 중 'CREATE'를 클릭합니다.

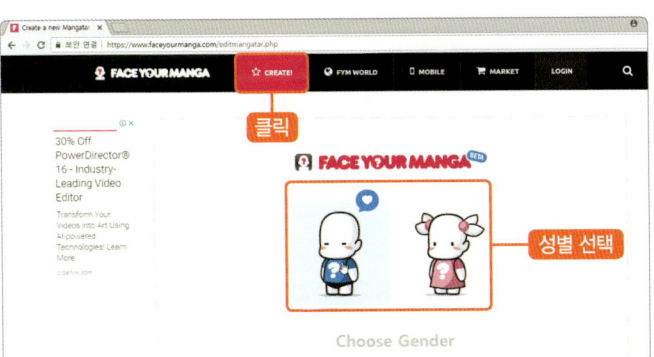

● 성별을 선택합니다.

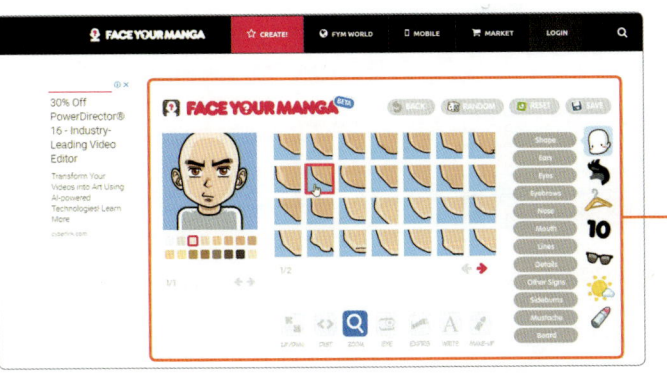

● 얼굴부터 옷, 머리까지 원하는 스타일로 스타일링합니다.

CHAPTER 10 나만의 스타일로 인트로 동영상 만들기 _ **091**

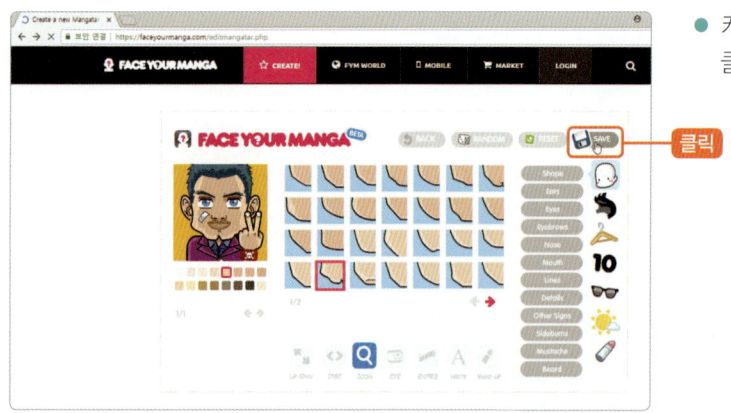

● 캐릭터를 완성하면 오른쪽 상단에 [SAVE]를 클릭합니다.

❶ [SAVE] 버튼을 클릭하면 왼쪽과 같은 화면이 열립니다.

❷ 로그인을 하고 작업한 것이 아니라서 이메일로 파일을 받습니다.

① 이름이나 닉네임을 적습니다.

② 두 군데 모두 이메일을 정확하게 적습니다.

❶ 이메일로 이동합니다.

❷ 이메일을 로그인합니다.

❸ 메일을 확인하여 다운로드 주소를 복사합니다.

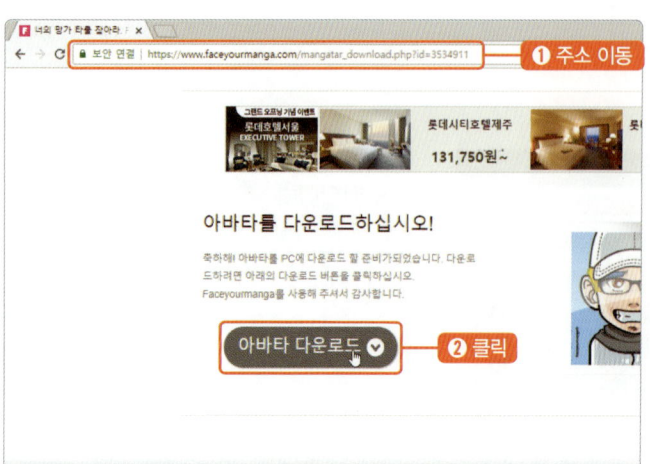

❶ 인터넷 창을 실행하고 주소를 붙여 넣어 해당 페이지로 이동합니다.

❷ 페이지 하단으로 이동하여 '아바타 다운로드'를 클릭합니다.

❸ '저장 위치'를 지정하여 저장합니다.

2 배경 이미지 만들기(파워포인트 활용)

인트로에 들어갈 배경 이미지를 만들고 싶어요. 어떻게 하면 멋지게 만들 수 있을까요?

인터넷 사이트에서 멋진 배경 이미지를 다운로드하면 쉽고 멋있게 배경을 만들 수 있어요. 우선 무료 이미지를 다운로드해 볼까요?

▶ **무료 이미지로 배경 만들기**

① 무료 이미지 사이트 픽사베이(pixa bay)에 접속합니다.

　　주소　https://pixabay.com/ko/

❶ 크롬을 실행합니다.
❷ pixabay에 접속합니다.
❸ '배경'을 입력합니다.
❹ 원하는 이미지를 찾습니다.

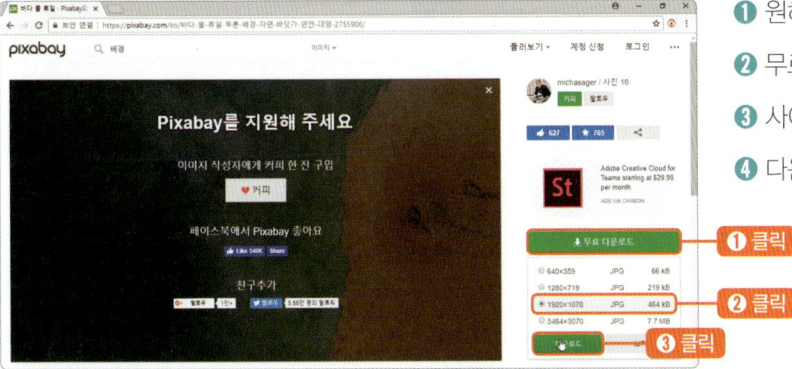

❶ 원하는 이미지를 클릭합니다.
❷ 무료 다운로드를 클릭합니다.
❸ 사이즈를 선택합니다.
❹ 다운로드를 클릭합니다.

❶ 창이 열리면 '로봇이 아닙니다'를 체크합니다.
❷ 다운로드를 클릭합니다.
❸ 크롬이기 때문에 '다운로드' 폴더에 자동 다운로드됩니다.

CHAPTER 10 나만의 스타일로 인트로 동영상 만들기 _ **093**

❷ 구글을 이용하여 무료 이미지를 다운로드합니다.

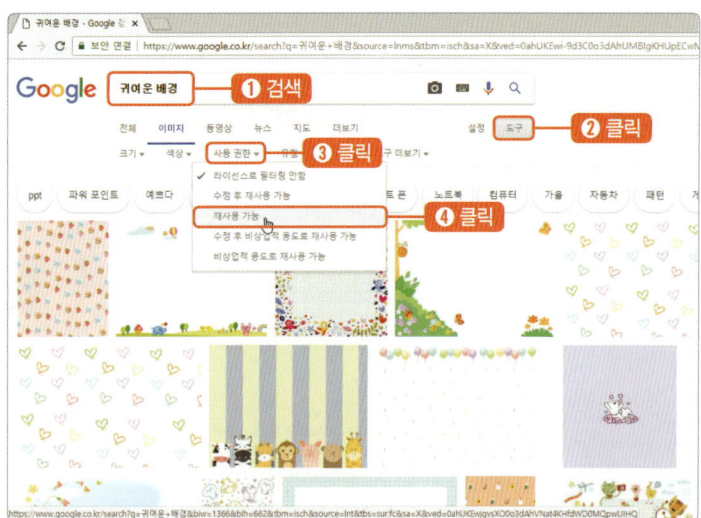

➊ 크롬(구글)을 실행합니다.
➋ '귀여운 배경'을 검색합니다.
➌ 검색창 오른쪽 아래 '이미지' 카테고리에서 [도구]를 클릭합니다.
➍ '사용 권한'을 클릭합니다.
➎ '재사용 가능'을 클릭합니다.

➊ 원하는 이미지를 선택합니다.
➋ 마우스 오른쪽 버튼을 클릭하여 '이미지를 다른 이름으로 저장'을 클릭합니다.

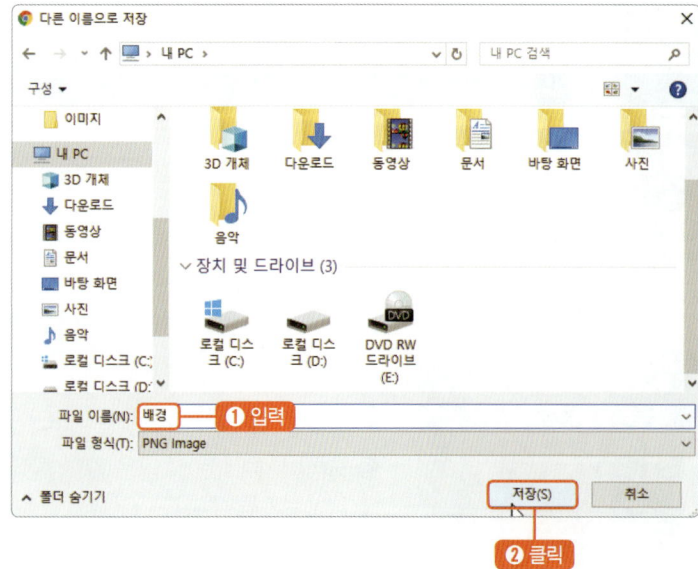

● 원하는 '저장 위치'에 '파일 이름'으로 지정하고 [저장] 버튼을 클릭합니다.

3 인트로 자막 만들기(파워포인트 활용)

 인트로에 들어갈 소개 글은 어떤 모양으로 만들면 좋을까요?

 인트로는 '자신' 또는 '자신의 콘텐츠'를 소개하는 동영상입니다. 간단하게 채널 이름과 자신의 이름 정도만 소개해도 좋습니다.

▶ **소개 글 간단하게 적어 보기**

❶ 파워포인트를 이용하여 자막을 작성합니다.

❶ 파워포인트를 실행합니다.
❷ [삽입]-[텍스트]-[텍스트 상자]를 이용하여 글을 입력합니다.
❸ 'FunFun한' 글자를 입력합니다.
❹ 글자의 색상과 크기를 지정합니다.

❶ 'FunFun한'을 마우스 우클릭하여 복사합니다.
❷ 복사한 글자의 색상을 단색으로 변경합니다.
❸ [서식]-[텍스트 윤곽선]에서 두께를 크게 (6pt)로 변경합니다.

텍스트 윤곽선 두께 조절

● 복사한 'FunFun한' 글자를 원본 글자의 그림자로 지정하기 위해 글자색과 윤곽선의 색상을 '주황'으로 변경합니다.

글자색과 같은 색으로 변경

CHAPTER 10 나만의 스타일로 인트로 동영상 만들기 _ **095**

① 글자를 드래그하여 두 글자를 겹칩니다.
② 위에 올라온 주황색 글자를 선택합니다.
③ 마우스 오른쪽 버튼을 클릭합니다.
④ 단축 메뉴가 나오면 [맨 뒤로 보내기]–[맨 뒤로 보내기]를 클릭합니다.

① 겹친 글자가 예쁘게 표시되도록 위치를 조절합니다.
② Ctrl + A 를 눌러 두 글자를 전부 선택합니다.
③ 마우스 오른쪽 버튼을 클릭합니다.
④ 단축 메뉴가 나오면 '복사'한 후 다시 오른쪽 버튼을 클릭하여 그림으로 붙여 넣습니다.
⑤ 붙여 넣은 그림을 제외한 글자는 삭제합니다.

① [삽입]–[텍스트]–[텍스트 상자]를 클릭하여 '종이놀이세상'을 입력합니다.
② [WordArt스타일]–[텍스트 효과]–[변환]–[휘기] '사각형'을 이용하여 텍스트 효과를 적용합니다.
③ [서식]–[WordArt스타일]을 이용하여 글자를 예쁘게 꾸밉니다.

● 'FunFun한' 글자처럼 '종이놀이세상'도 같은 글자를 복사하여 그림과 같이 그림자 효과를 만들어 줍니다.

① 두 글자를 전부 선택합니다. (Ctrl + A)
② 마우스 오른쪽 버튼을 클릭합니다.
③ 단축 메뉴가 나오면 '복사'한 후, 다시 오른쪽 버튼을 클릭하여 그림으로 붙여 넣습니다.
④ 붙여 넣은 그림을 제외한 글자는 삭제합니다.

4 인트로 동영상 완성하기

인트로 동영상을 간단하게 만드는 방법은 없나요? 크터 선생님, 알려 주세요.

지금까지 다운로드한 사진과 만들어 놓은 자막을 이용하여 파워포인트로 인트로 동영상을 만들 수 있어요.

▶ '파워포인트'를 이용해서 동영상 만들기   ▶ 예제 파일 : 10장 폴더

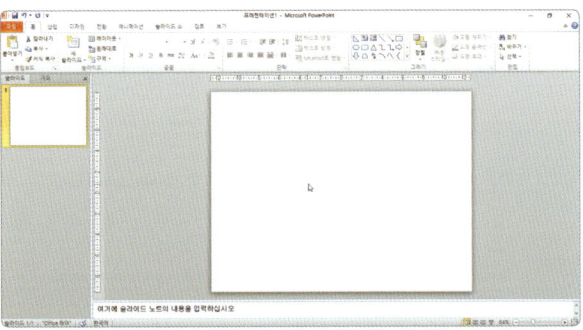

❶ 파워포인트를 실행합니다.
❷ 레이아웃을 '빈 화면'으로 변경합니다.

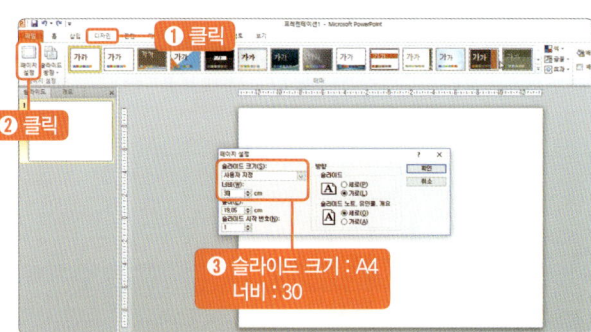

● [디자인]-[페이지 설정]을 클릭하여 슬라이드 크기를 A4로 결정합니다.

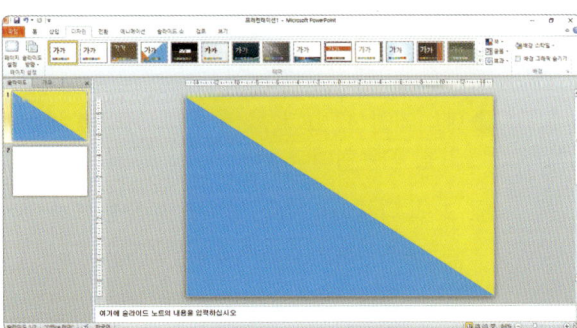

● 도형을 이용하여 화면을 꾸밉니다.

● 먼저 만들어 놓은 자막들을 불러옵니다.

❶ 두 번째 화면을 꾸며 봅니다.
❷ 인터넷에서 작성한 캐릭터를 불러옵니다.
❸ [서식]-[배경제거]를 이용하여 배경을 삭제합니다.

❶ 필요한 글자와 도형을 더 만듭니다.
❷ 애니메이션이 같이 적용될 도형은 그룹화합니다.
　예 '유튜브' 버튼 도형 + '구독' 글자

CHAPTER 10 나만의 스타일로 인트로 동영상 만들기 _ **097**

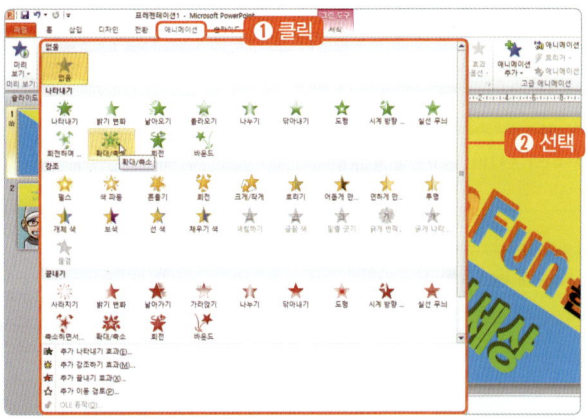

❶ 애니메이션을 적용할 글자나 도형을 클릭합니다.

❷ [애니메이션]-[나타내기]를 이용하여 그림이나 도형에 각각 애니메이션을 적용합니다.

❶ 애니메이션 적용이 끝나면 슬라이드에 각각 '화면 전환' 효과를 지정합니다.

❷ 전환효과를 적용할 슬라이드를 선택한 후, [전환]-[슬라이드 화면전환]에서 전환효과를 선택합니다.

❶ [애니메이션]-[고급 애니메이션]에서 '애니메이션 창'을 클릭하여 옵션 창을 띄웁니다.

❷ 오른쪽 애니메이션 창에 있는 애니메이션 리스트 중 하나를 선택합니다.

❸ 마우스 오른쪽 버튼을 클릭하여 '효과옵션'을 클릭합니다.

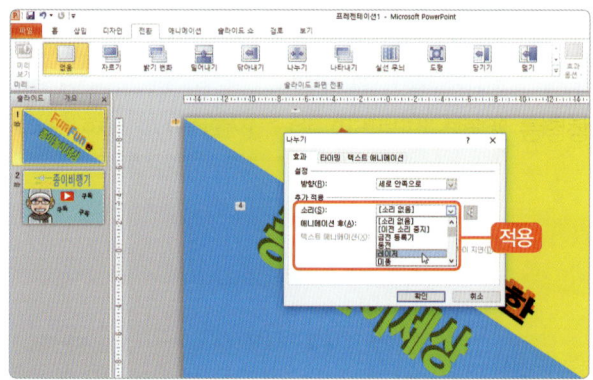

❶ 애니메이션 '효과 옵션' 창이 열리면 '추가적용'-'소리'를 적용합니다.

❷ 그 외 다른 애니메이션들도 소리 옵션을 추가합니다.

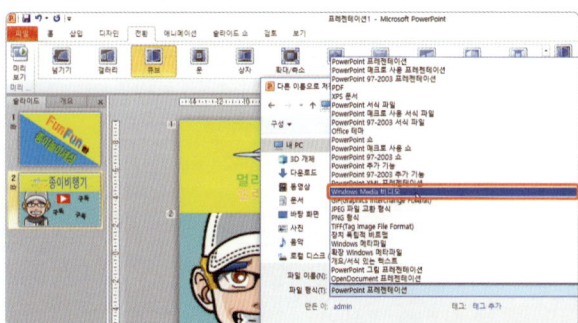

❶ 소리적용까지 끝나면 동영상으로 저장합니다.

❷ [파일]-[다른 이름으로 저장]을 클릭합니다.

❸ '파일형식'을 'Windows Media 비디오'로 설정합니다.

❹ '파일이름'과 '파일 위치'를 지정하고 저장을 클릭합니다.

❶ '파워디렉터 12'를 실행하여 인트로 동영상과 '10장 동영상자료(저장 파일)'를 합하여 봅니다.

❷ 소리와 화면 효과 등도 다시 설정해 봅니다.

❸ 완성하면 동영상으로 저장합니다.

Chapter 11
동영상을 꾸미는 여러 가지 방법

[유튜브 스타 되기 STEP 11]
① 인터넷에서 마음에 드는 화면 효과 다운로드하기
② 화면 재생 속도 조절하기

▶ 핫핫 구독하기

파워디렉터에서 사용할 수 있는 다양한 효과를 인터넷에서 다운로드하는 방법과 동영상의 재생 속도를 조절하는 방법에 대해 알아봅니다.

1 인터넷에서 마음에 드는 화면 효과 다운로드하기

 크터 선생님! '파워디렉터 12'에 있는 라이브러리 소스가 너무 적어요. 더 많은 소스를 받을 수는 없을까요?

파워디렉터는 로그인만 하면 인터넷에서 무료로 다운로드할 수 있는 소스들이 많습니다.

▶ 무료 소스 함께 보기

① '파워디렉터 12' 프로그램을 통해서 사이트에 접속합니다.

① '파워디렉터 12' 프로그램을 실행합니다.
② [입자 룸], [타이틀 룸]을 각각 클릭하면 '템플릿 다운로드'가 있습니다.
③ 다운로드하고자 하는 '룸'에서 '템플릿 다운로드'를 클릭합니다.

● 사이트가 열리면 상단에 '로그인'을 클릭합니다.

① 화면이 이동되면 '회원가입'을 클릭합니다.
② 회원 가입창이 열리면 내용을 입력하고 가입을 완료합니다.

❷ 각 '룸' 별로 소스를 다운로드하는 방법을 배워 봅니다.

❶ '템플릿 다운로드'를 클릭하면 사이트가 열릴 때 해당 메뉴로 이동합니다.

❷ 원하는 '타이틀' 소스를 클릭합니다.

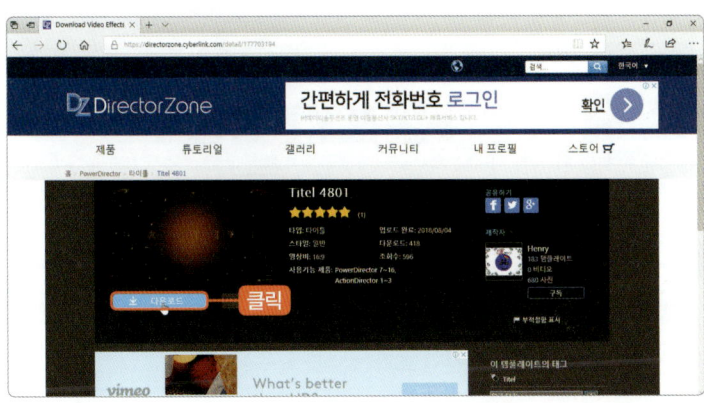

● 화면이 이동하면 다운로드를 클릭합니다.

❸ 다운로드한 소스를 설치해 봅니다.

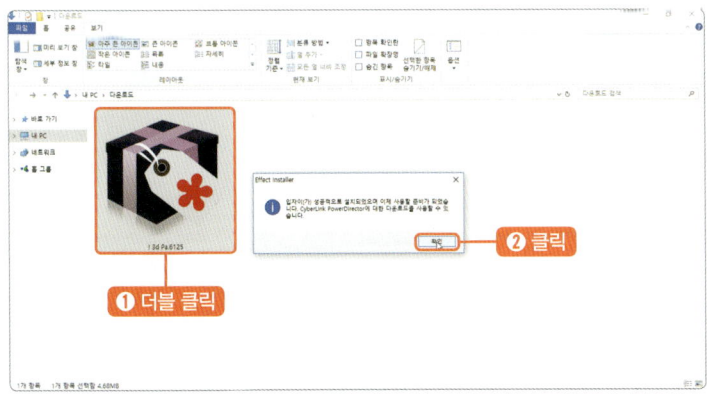

❶ 다운로드된 폴더로 이동합니다.

❷ 다운로드된 파일을 더블 클릭합니다.

❸ 설치완료 창이 열리면 [확인]을 클릭합니다.

❶ 다운로드한 소스의 '룸'으로 이동합니다.

❷ 다운로드된 소스를 확인할 수 있습니다.

❸ 사용 방법은 기존에 있던 다른 소스들과 같습니다.

❹ 사이트 상단 메뉴를 통해 각 소스들의 차이점을 확인해 봅니다.

▲ PiP 개체 다운로드

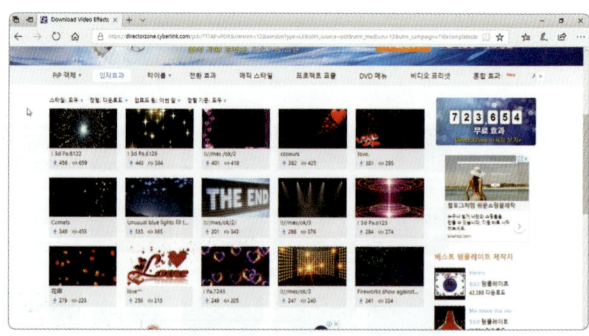
▲ 입자 효과 다운로드

▲ 타이틀 효과

▲ 전환 효과

▲ 매직 스타일

2 화면 재생 속도 조절하기

 이전 시간에 전체 동영상의 속도를 조절해 본 적이 있는데요. 각각 동영상별로 속도를 조절할 수도 있나요? 그리고 속도 조절 후에 동영상들을 어떻게 합해야 하는지도 알려 주세요.

 동영상이 줄어들면 중간에 공간이 생깁니다. 공간을 잘못 삭제하거나 동영상을 이동하면 앞에 있는 동영상을 지울 수도 있으니 조심해야 합니다.

▶ 동영상 속도 조절하는 방법과 빈 트랙을 채우는 방법   ▶예제 파일 : 11장 폴더

① 예제 파일을 불러와 동영상 속도를 빠르게 조절해 봅니다.

- 무료 동영상 사이트에서 연습할 동영상을 다운로드합니다.

   videvo.net(비디보)
  pixabay.com(픽사베이)

- 다운로드한 영상을 불러오거나 예제 파일('해파리', 'cat1', 'cat2', '바다')을 불러와 트랙으로 드래그합니다.

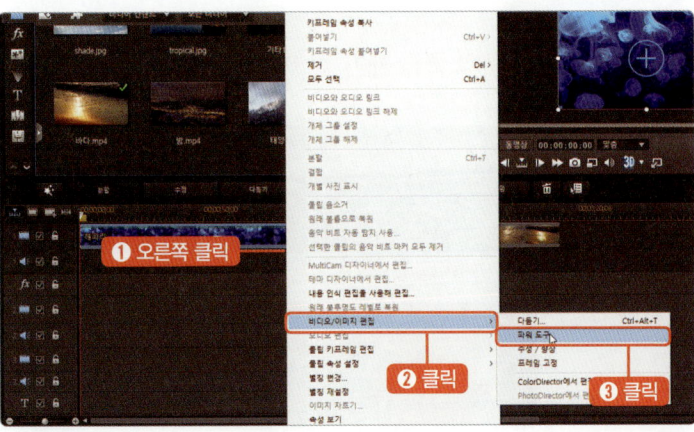

- 해파리의 동영상이 길기 때문에 해파리 동영상의 속도를 조절해 봅니다.
① 해파리 동영상 위에 마우스 포인터를 올립니다.
② 마우스 오른쪽 버튼을 클릭합니다.
③ [비디오/이미지 편집]-[파워도구]를 클릭합니다.

CHAPTER 11 동영상을 꾸미는 여러 가지 방법 _ **103**

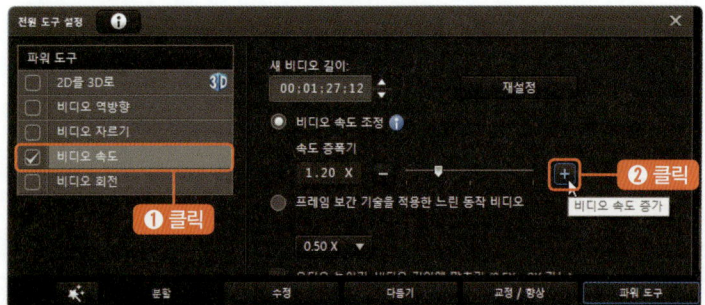

❶ '비디오 속도'를 클릭합니다.

❷ '+'를 눌러 속도를 조절합니다.

❸ 속도를 조절할 땐 '미리보기' 창에서 동영상이 제대로 실행되는지 확인하며 속도를 조절해야 합니다.

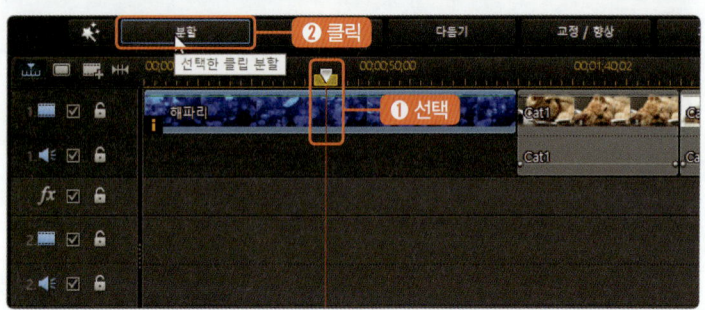

❶ 속도를 조절했는데도 '해파리' 동영상이 길다면 동영상을 '분할'하여 불필요한 동영상을 삭제할 수 있습니다.

❷ 동영상을 '분할'할 위치의 타임라인을 마우스로 클릭하여 타임막대를 이동시킵니다.

❸ [분할] 버튼을 클릭합니다.

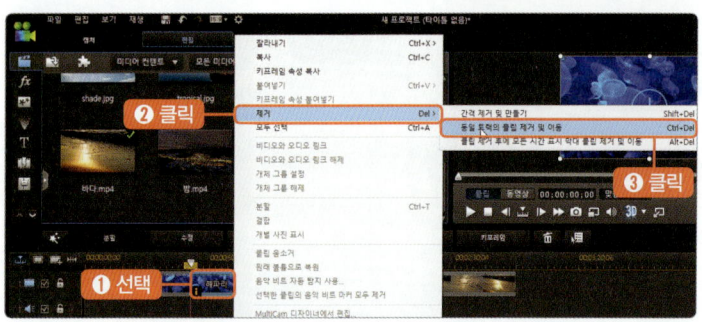

❶ 삭제할 동영상을 마우스로 클릭합니다.

❷ 동영상 위에서 마우스 오른쪽 버튼을 클릭합니다.

❸ 단축메뉴에서 [제거]-[동일한 트랙의 클립 제거 및 이동]을 클릭합니다.

● 뒤에 있는 'cat1'과 'cat2', '바다' 동영상이 삭제된 동영상의 공간으로 당겨져 이동된 모습을 확인할 수 있습니다.

##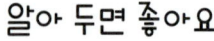

동영상을 제거할 때 '간격 제거 및 만들기'와 '동일한 트랙의 클립 제거 및 이동'의 차이점

❶ 간격 제거 및 만들기 : 제거할 때 공간이 생깁니다.

❷ 동일한 트랙의 클립 제거 및 이동 : 제거할 때 공간이 생기지 않습니다.

❷ 'Cat2' 동영상의 속도를 느리게 조절해 봅니다.

● 'Cat2' 동영상을 느리게 조절하면 동영상의 모습이 어떻게 되는지 확인해 봅니다.

❶ 'Cat2' 동영상을 클릭합니다.

❷ 마우스 오른쪽 버튼을 클릭합니다.

❸ [비디오/이미지 편집]-[파워 도구]를 클릭합니다.

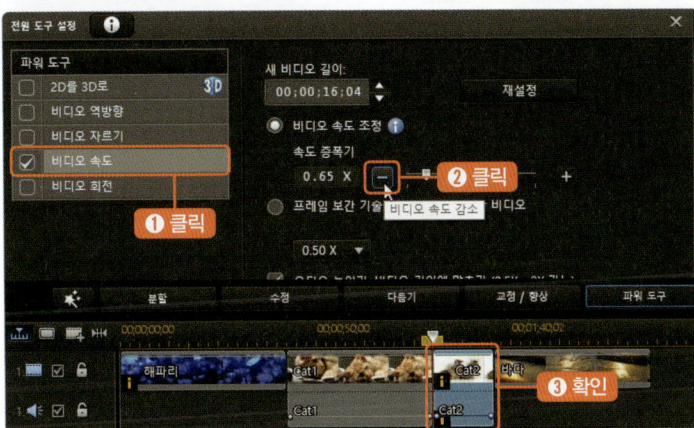

❶ '비디오 속도'를 체크합니다.

❷ '-'를 클릭하여 '비디오 속도'를 느리게 조절합니다.

❸ 트랙의 'Cat2' 동영상의 타임라인이 늘어난 모습을 확인할 수 있습니다.

❸ '해파리' 동영상의 속도를 3단계로 나눕니다. 그 다음 동영상을 각각 다른 속도로 지정해 보며, '비디오 속도'를 조절하는 방법을 연습합니다.

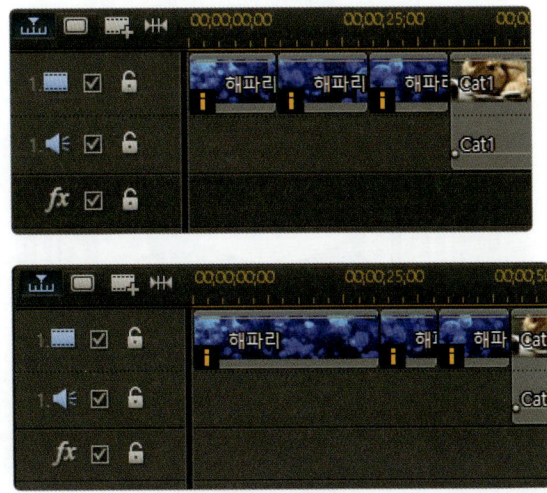

CHAPTER 11 동영상을 꾸미는 여러 가지 방법 _ **105**

Chapter 12

교육용 학습 채널 만들기

[유튜브 스타 되기 STEP 12]
1. 학습 미디어 '코드.org'에 대해 알아보기
2. 학습 미디어 소개 방법 결정하기
3. 촬영 전 콘티를 완성하고 미디어 제목 결정하기

▶ 핫핫 구독하기

교육용 콘텐츠를 만들기에 앞서 촬영 대상인 프로그램에 대해 공부하고, 콘텐츠를 만들기 위해 대본을 작성해 봅니다.

1 학습 미디어 'code.org'에 대해 알아보기

교육용 미디어를 제작할 때에는 전체 카테고리의 학습 내용이나 흐름을 먼저 파악해야 합니다.

▶ '코드.org' 소개

'코드.ORG' 사이트는 온라인 코딩 프로그램으로, 많은 학생들이 코딩을 보다 쉽고, 재미있게 배울 수 있도록 도와주는 사이트입니다.

❶ '코드.org' 사이트에 접속하여 내용을 확인해 봅니다.

사이트 주소	주소 https://code.org/ 
교육 과정 대상 확인	[과정 1] 컴퓨터 프로그램을 처음 접하는 학생 대상 [과정 2] 컴퓨터 프로그램을 처음 접하지만 글을 읽을 수 있는 학생 대상 [과정 3] [과정 1]과 [과정 2]를 마스터한 학생 대상 [과정 4] [과정 2]와 [과정 3]을 마스터한 학생 대상 [빠른 과정] 컴퓨터 과학 과정 [언플러그드 레슨] 컴퓨터 없는 언플러그드 과정
사이트 학습 방법	[강의 목록]-'컴퓨터 과학 기초' 또는 'Hour of Code' 콘텐츠가 코딩을 배울 수 있는 목록입니다. 원하는 콘텐츠를 클릭하여 학습해 봅니다. 

❷ '강의 목록'에서 '컴퓨터 과학 기초'의 '과정 1'를 공부해 봅니다.

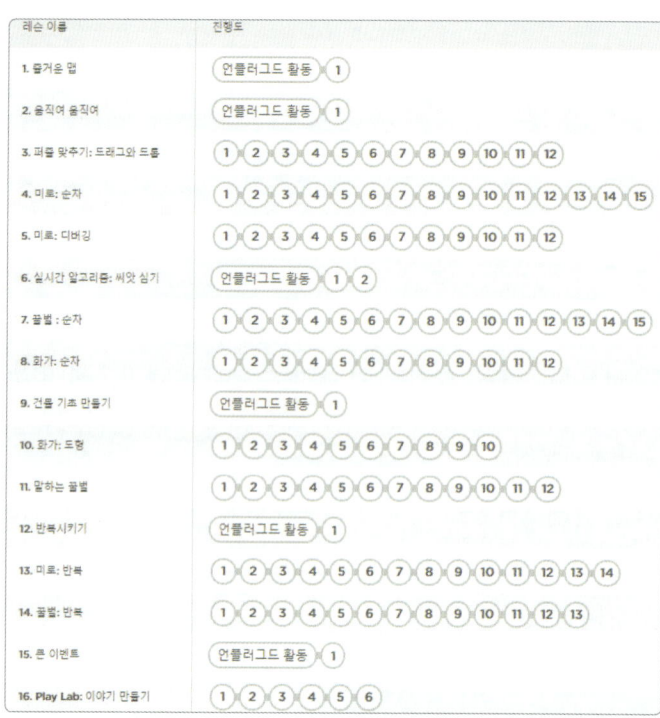

❶ '과정 1'은 '레슨 1~레슨 18'까지 구성되어 있습니다.
❷ '과정 1'은 순차 실행과 오류 수정, 반복문입니다.
❸ '레슨 1~2'는 언플러그드 활동으로 컴퓨터를 활용하지 않고 코딩의 규칙을 게임을 통해 배울 수 있습니다.
❹ 우리는 '3. 퍼즐 맞추기'부터 공부해 봅니다.
❺ '퍼즐 맞추기'의 '단계 1'을 클릭합니다.

• 그림 맞추기를 통해 블록을 사용하는 방법과 규칙에 대해 이해하고 문제를 해결해 봅니다.

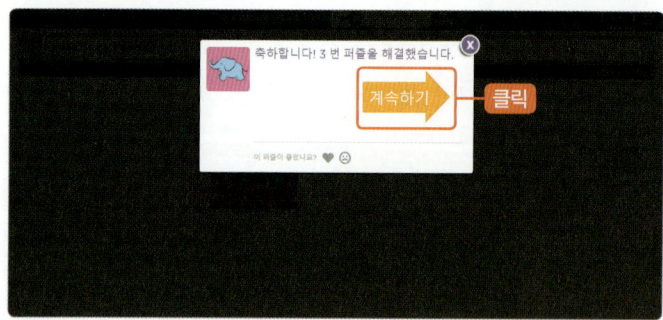

❶ 문제를 해결하면 다음 문제를 제시합니다.
❷ [계속하기]를 클릭합니다.

❶ 레슨 3 과정 문제를 전부 해결하면 레슨 창에서 공부한 내용을 확인할 수 있습니다.
❷ 레슨 제목에 어떤 내용을 배울 수 있는지 확인이 가능합니다.
❸ 다음 단계도 이와 같은 방법으로 진행해 보고 어떤 과정을 콘텐츠로 제작할지 생각해 봅니다.

2 학습 미디어 소개 방법 결정하기

'코드.org' 프로그램을 공부했다면 어떤 식으로 강의 콘텐츠를 만들지 생각해 보세요.
그럼 나만의 강의법을 만들어 볼까요?

▶ **강의 방법을 생각해 볼까요?**

'코드.org'를 공부하면서 느낀 점을 토대로 내가 강의를 할 수 있는 단계를 찾아봅니다. 그리고 학습 대상을 누구로 할지, 강의는 어떤 식으로 할지를 결정하여 진행 방법을 기록해 봅니다.

❶ 촬영 예시를 통해 촬영 방법을 생각해 봅니다.

❶ 인사를 합니다.

 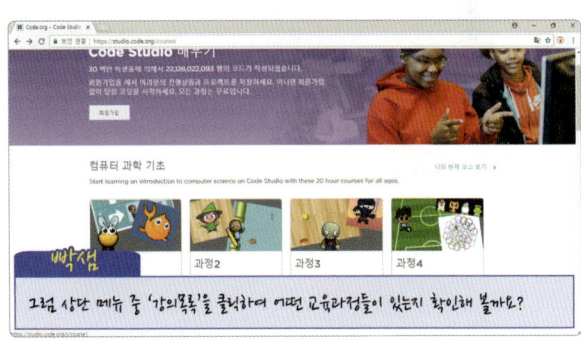

❷ 콘텐츠를 소개합니다.

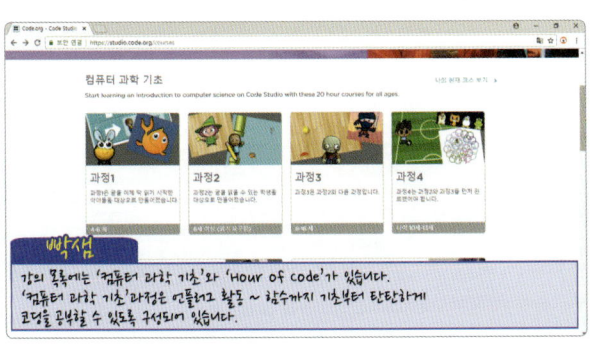 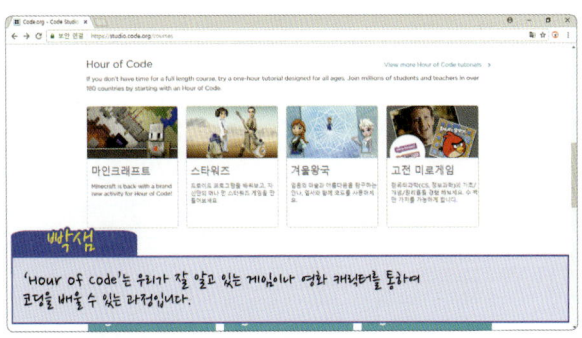

❸ 오늘 배울 내용을 설명합니다.

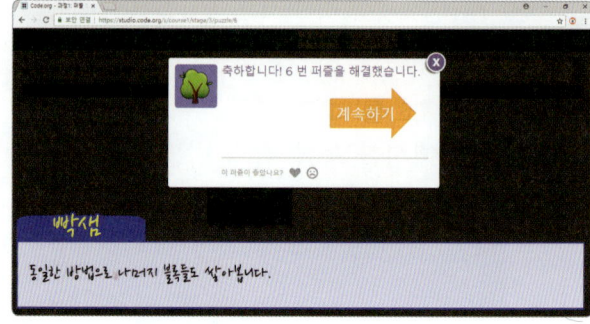

❹ 문제를 풀어 보며 공부 방법을 설명합니다.

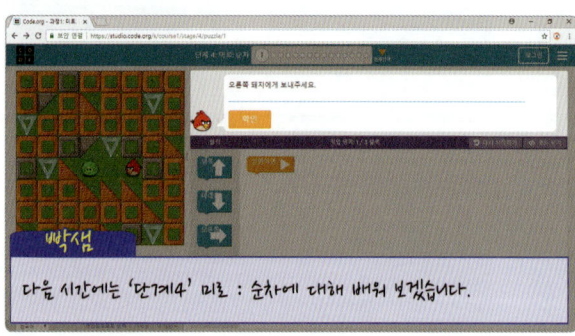

❺ 다음에 배울 내용을 소개합니다.

❷ 진행 방법 예시 자료 확인하기

진행 방법 예	
교육 대상	글을 읽을 수 있는 유치원생
강의 단계	코드.org '1단계'
촬영 시간	10분 이하
촬영 방법	진행자가 문제를 풀면서 설명하고 질문하는 형식으로 진행
배경 음악	삽입 안 함
자막 설정	설명이 필요한 부분만 사용
대화체	친구와 대화하는 형식

❸ 나만의 진행 방법을 기록하기

진행 방법	
교육 대상	
강의 단계	
촬영 시간	
촬영 방법	
배경 음악	
자막 설정	
대화체	

3. 촬영 전 대본을 완성하고 미디어 제목 결정하기

 '4장'에서 배웠던 '대본 작성 방법'을 활용하여 대본을 완성해 주세요.

▶ 자연스럽게 대본 작성하기

대본은 '대사'를 자세히 작성하는 것이 아니라 촬영의 흐름을 작성하는 것입니다. 자세히 적다 보면 오히려 촬영할 때 진행에 방해가 될 수도 있습니다.

콘텐츠 제목	
콘텐츠 소개	
대본 쓰기	
준비	
대본	

Chapter 13

코드.org 동영상 맘대로 촬영하기

[유튜브 스타 되기 STEP 13]
① 반디캠 활용 방법 배우기
② 동영상의 장면을 나누어 촬영하기

▶ 핫핫 구독하기

반디캠을 이용하여 컴퓨터 화면을 동영상으로 저장하는 방법에 대해 알아봅니다.

1 반디캠 활용 방법 배우기

 크터 선생님 '코드.ORG' 동영상을 찍으려면 반디캠을 사용해야 하는데 어떻게 사용하는 건지 잘 모르겠어요! 방법을 알려 주세요!

▶ 반디캠으로 동영상 촬영하기

반디캠은 컴퓨터 화면을 쉽게 촬영할 수 있는 장점이 있는 프로그램입니다.

1 반디캠을 이용하여 촬영을 해 봅니다.

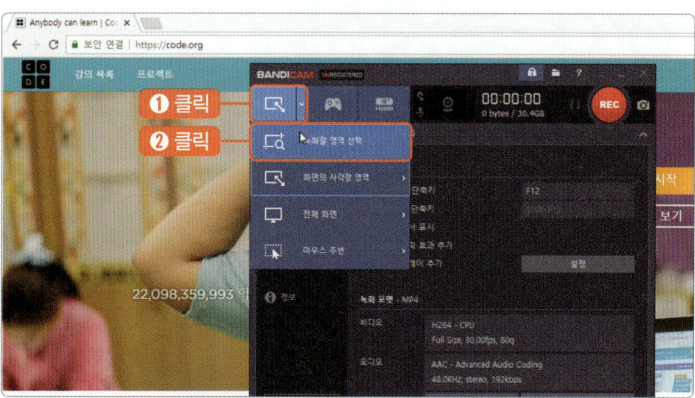

① 반디캠을 실행합니다.
② 캡처 방법을 '녹화할 영역 선택'으로 변경합니다.

● 마우스를 드래그하여 녹화할 화면 크기를 설정합니다.

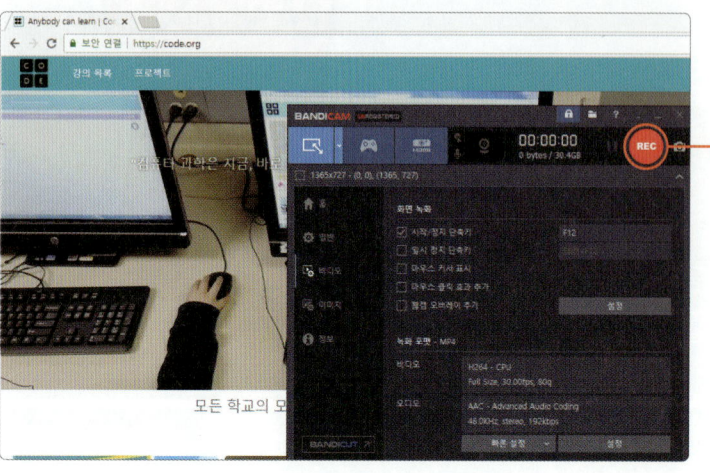

● 'REC' 녹화 버튼을 클릭하여 촬영을 시작합니다.

❷ 촬영한 동영상을 확인합니다.

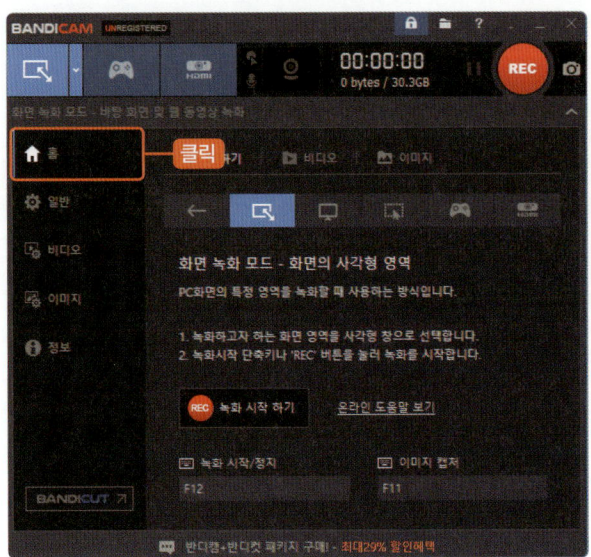

● '홈' 탭을 클릭합니다.

❶ 비디오 버튼을 클릭합니다.
❷ 저장 경로를 클릭하여 저장 폴더를 화면에 띄웁니다.

알아 두면 좋아요

'일반' 탭을 클릭하면 '저장 폴더'의 위치를 다른 곳으로 지정할 수 있습니다.

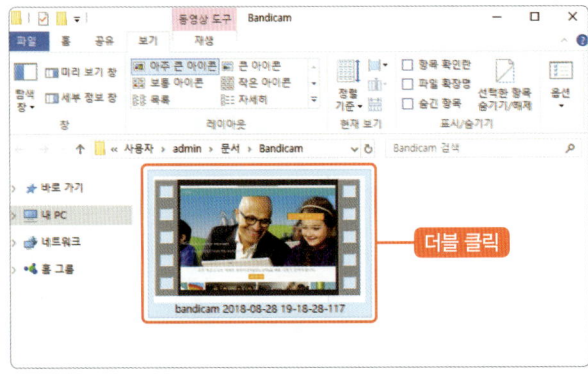

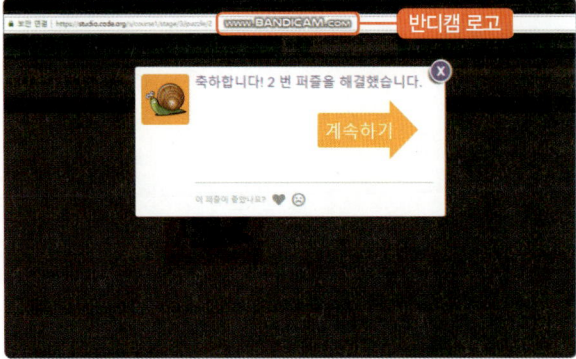

● 저장된 파일을 확인하고 더블클릭합니다.

● 반디캠으로 촬영한 동영상은 위와 같이 반디캠 로고가 출력됩니다.

알아 두면 좋아요

동영상 촬영의 시작과 정지 단축키는 [F12] 키입니다. 만약 단축키를 [F12]가 아닌 다른 키로 바꾸고 싶다면 왼쪽 메뉴 중 [비디오 탭 → '시작/정지 단축키 : F12' 클릭 → 바꾸고 싶은 키 누르기]를 실행하면 단축키가 변경됩니다.

2 동영상의 장면을 나누어 촬영하기

 12장에서 작성한 대본에 따라 동영상을 촬영해 봅니다. 동영상을 어떻게 나누어서 찍을지 생각해 봅니다.

▶ **동영상을 몇 장면으로 나누어 촬영할지 생각해 보기**

처음부터 끝까지 동영상을 한번에 찍을 수 있으면 좋겠지만, '10'분 이상이 되는 동영상은 초보자가 한번에 촬영하기에 쉬운 일이 아닙니다. 그렇다면 장면을 어떻게 나누어서 촬영하면 좋을지 같이 생각해 봅시다.

❶ 동영상 촬영할 때의 장면을 '처음-중간-끝'으로 나누어 봅니다.

장면 나누기 예	
처음	1. 시작하는 인사하기 2. 오늘 배울 내용 이야기하기 3. 준비물 설명하기
중간	1. 배울 프로그램을 설명하기 2. 문제 해결 방법 설명하기
끝	1. 오늘 배운 내용 정리하기 2. 다음에 배울 내용 이야기하기 3. 끝인사 하기

❷ 다른 크레이터의 장면 나누는 방법을 살펴봅니다.

▲ 참고 채널 김왼손의 왼손 코딩

▲ 콘텐츠 설명

▲ 사이트 설명

▲ 프로그램 설명

▲ 문제 해결 설명-끝인사

❸ 유튜브에서 찾아본 채널 중 기억에 남는 '장면 나누기'를 기록해 봅니다.

채널 이름 내용	채널 :	채널 :
처음		
중간		
끝		
기타		

❹ 스스로 촬영할 장면을 정하여 '처음–중간–끝'으로 나누어 봅니다.

장면 나누기	
처음	
중간	
끝	
기타	

❺ 나누어진 장면을 바탕으로 촬영을 해 봅니다.

촬영한 동영상 이름 기록하기				

다양한 방법으로 편집하고 꾸미기

[유튜브 스타 되기 STEP 14]
1. 인트로 화면 만들기
2. 본문 동영상 꾸미기

▶ 핫핫 구독하기

파워디렉터를 이용하여 재미있는 인트로 화면을 만들어 보고, 교육용 강의 동영상을 합하여 동영상으로 제작해 봅니다.

1 인트로 화면 만들기

 크터 선생님! 인트로 장면을 '파워디렉터'에서 바로 만들 수는 없나요?

 '파워디렉트'에서 인트로 장면을 바로 만드는 방법을 알아볼까요? '자막'과 '애니메이션 효과'도 직접 만들어 보도록 하겠습니다.

▶ '파워디렉터'에서 인트로 장면 만들기   ▶예제 파일 : 14장 폴더

① 인트로에서 사용할 나만의 캐릭터를 제작합니다.

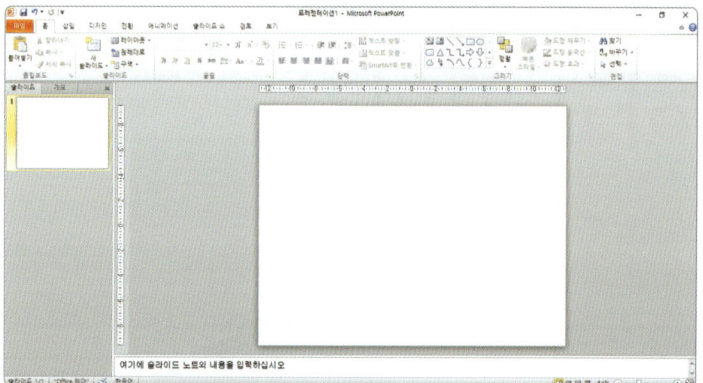

❶ 파워포인트를 실행합니다.

❷ 슬라이드에서 오른쪽 마우스 버튼을 클릭하여 [레이아웃]을 '빈 화면'으로 변경합니다.

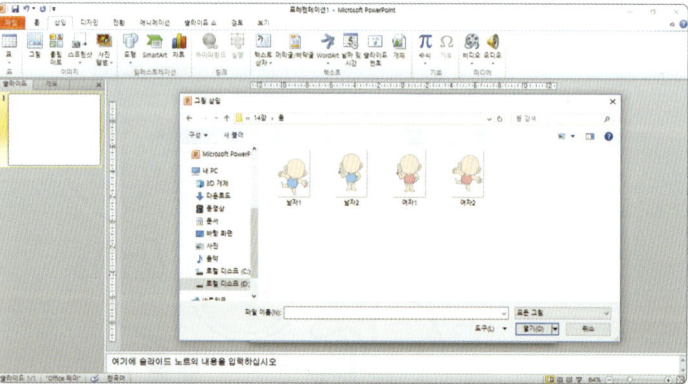

● 캐릭터 몸을 불러오기 위해 [삽입]-[이미지]-[그림]을 클릭하여 [몸] 폴더에서 원하는 모양을 불러옵니다.

● [삽입]-[이미지]-[그림]-[상의] 폴더에서 클릭하여 원하는 '상의'를 불러와 몸에 맞게 크기를 조절합니다.

알아 두면 좋아요

이동할 때에 Ctrl + '방향키'를 클릭하면, 몸에 옷을 세세하게 맞추기 더 쉽습니다.

120 _ 핫핫 스타 유튜브 크리에이터 되기

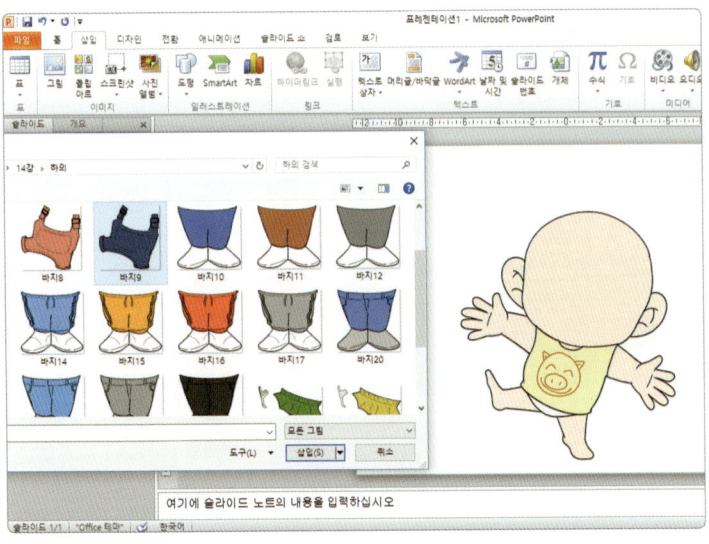

- [삽입]-[이미지]-[그림]-[하의]를 클릭하여 원하는 모양의 '하의'를 불러와 몸에 맞게 크기를 조절합니다.

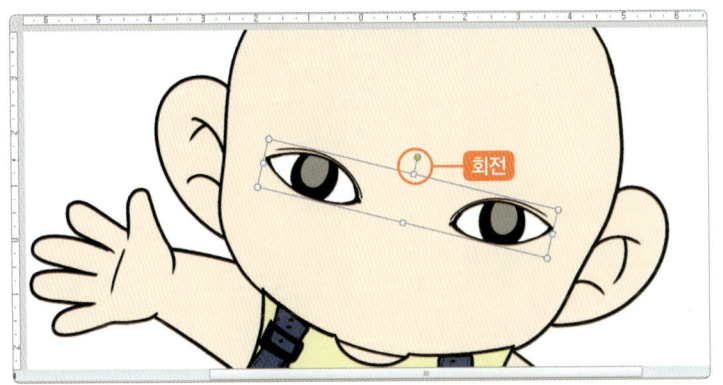

① [삽입]-[이미지]-[그림]-[눈]을 클릭하여 원하는 모양의 '눈'을 불러와 얼굴에 맞게 크기를 조절합니다.

② 틀어져 있는 '눈'을 회전축을 이용하여 얼굴에 맞게 회전시킵니다.

① [삽입]-[이미지]-[그림]을 클릭하여 '입'과 '머리'도 불러와 얼굴에 맞게 크기를 조절합니다.

② 틀어져 있는 '입'과 '머리'를 회전축을 이용하여 얼굴에 맞게 회전시킵니다.

① 완성된 캐릭터의 그림을 전부 선택합니다.

② 그림 위에서 마우스 오른쪽 버튼을 클릭합니다.

③ 단축 메뉴가 실행되면 [복사]를 클릭합니다.

④ 다시 마우스 오른쪽 버튼을 클릭하여 [붙여넣기 옵션]의 [그림]을 클릭합니다.

CHAPTER 14 다양한 방법으로 편집하고 꾸미기 _ 121

❶ 붙여 넣은 캐릭터를 더블클릭하여 [서식]-[크기]-[자르기]를 클릭합니다.

❷ 불필요한 영역은 잘라냅니다.

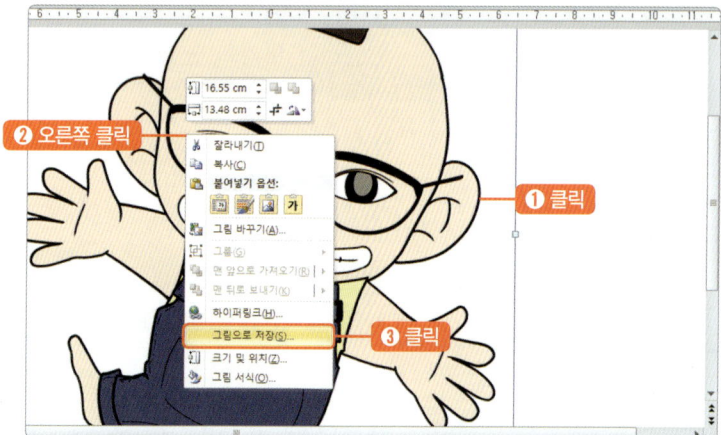

❶ 캐릭터를 선택합니다.

❷ 마우스 오른쪽 버튼을 클릭합니다.

❸ 단축 메뉴가 나오면 [그림으로 저장]을 클릭합니다.

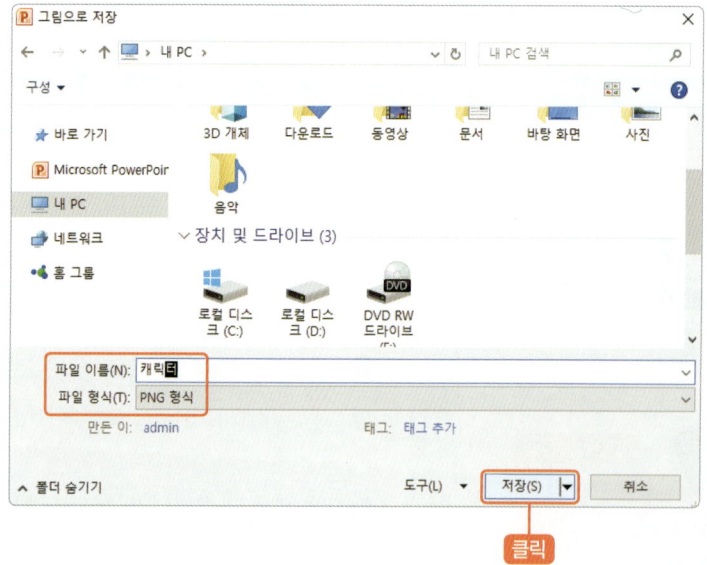

❶ '파일 이름'과 '저장 위치'를 설정합니다.

❷ '파일 형식'을 배경이 없는 'PNG'로 지정합니다.

❸ [저장]을 클릭합니다.

❷ 캐릭터를 이용하여 인트로 동영상을 제작합니다.

● '14장' 폴더-'입자소스'를 설치합니다.

❶ '파워디렉터 12' 프로그램을 실행합니다.
❷ '입자 룸'을 클릭합니다.
❸ 설치된 '입자소스'를 트랙으로 드래그합니다.

❶ '텍스트 룸'을 클릭하여 '기본' 텍스트를 트랙으로 드래그합니다.

Tip 텍스트는 동영상 트랙과 텍스트 트랙에 모두 사용할 수 있습니다.

❷ 드래그한 '기본' 텍스트를 더블클릭합니다.
❸ '타이틀 디자이너'가 실행되면 'FunFun한 Coding Study' 텍스트를 입력합니다.

❶ 왼쪽 메뉴 중 '텍스트' 탭을 클릭합니다.
❷ '문자 사전 설정'을 클릭합니다.
❸ 원하는 스타일을 선택합니다.
❹ 그 외 다른 글자 서식들을 변경합니다.

CHAPTER 14 다양한 방법으로 편집하고 꾸미기 _ 123

❶ 왼쪽 메뉴 중 [모션] 탭을 클릭합니다.
❷ 글자의 '시작 효과'와 '종료 효과'를 지정합니다.
❸ 글자의 위치를 알맞게 드래그합니다.
❹ 완료되면 [저장] 버튼을 클릭합니다.

❶ '미리보기' 창에서 글자의 위치를 확인합니다.
❷ 글자의 위치가 맞지 않으면 트랙에서 해당 '텍스트'를 더블클릭하여 글자의 위치를 수정합니다.

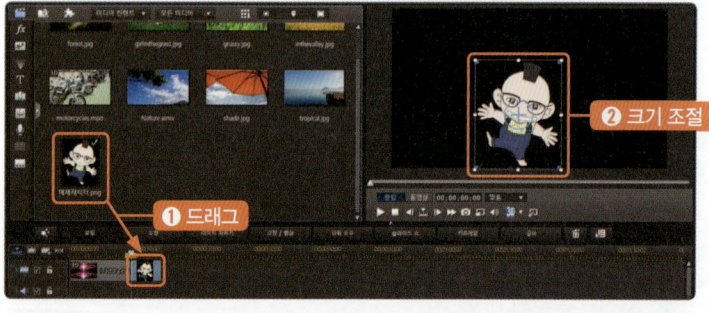

❶ [미디어 룸]-[미디어 가져오기]에서 저장해 두었던 '캐릭터'를 불러옵니다.
❷ '캐릭터'를 그림과 같이 트랙으로 옮깁니다.
❸ '미리보기' 창에서 '캐릭터'의 크기를 조절합니다.

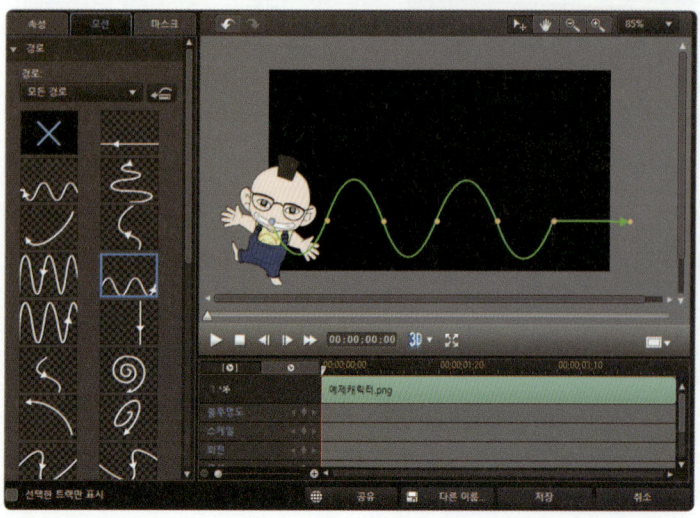

❶ '미리보기' 창에서 캐릭터의 위치를 설정합니다.
❷ 트랙에서 '캐릭터'를 더블클릭합니다.
❸ 'PiP 디자이너' 창이 실행되면 미리보기 창에서 Ctrl 키와 마우스 휠을 당겨 화면(미리보기 창)의 크기를 조절합니다.
❹ [모션] 탭 [경로]에서 마음에 드는 '경로'를 선택하고 [저장]을 클릭합니다.

- '미리보기' 창에서 '캐릭터'의 위치를 '가운데'로 다시 설정합니다.

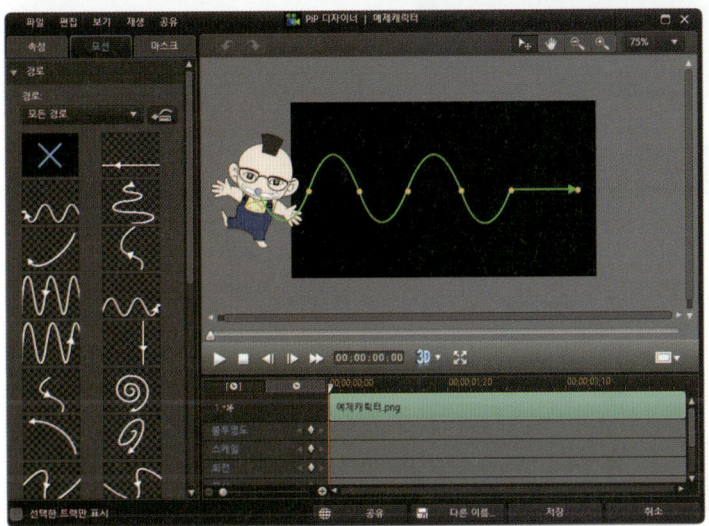

❶ 캐릭터의 움직임이 마음에 들지 않을 경우 '트랙'에서 '캐릭터'를 다시 더블클릭하여 '캐릭터'의 '모션' 이동 경로를 확인합니다. 또는 '모션', '경로'를 다시 설정합니다.

❷ 이동 경로 확인이 완료되었으면 [저장] 버튼을 클릭합니다.

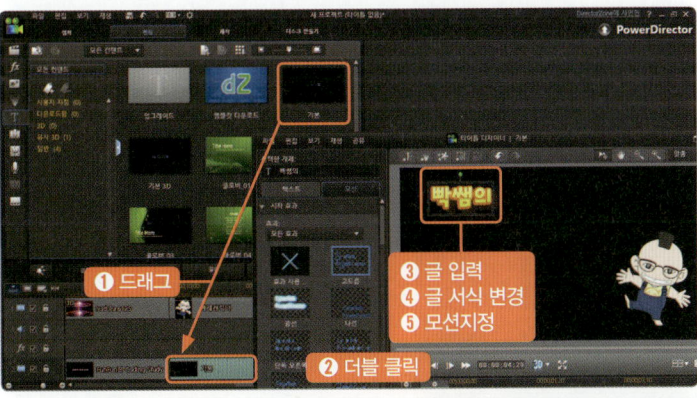

❶ 그림과 같이 [텍스트 룸]에서 '기본' 텍스트를 '트랙'으로 드래그합니다.

❷ 이동한 텍스트를 더블클릭하여 '타이틀 디자이너'가 실행되면 텍스트를 입력합니다.

❸ 글자 서식과 모션을 지정하고 저장을 클릭합니다.

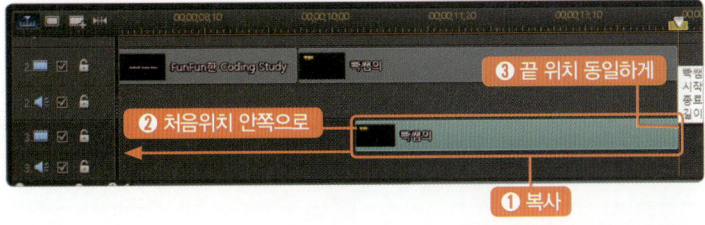

❶ '빠쌤'의 텍스트를 복사하여 다른 '트랙'으로 이동합니다.

❷ 트랙의 끝 위치를 동일하게 조절합니다.

● 복사한 텍스트를 더블클릭하여 '재미있는 코딩스터디'를 입력하고, '글자'와 '서식', '모션'을 전부 수정하고 '저장'을 클릭합니다.

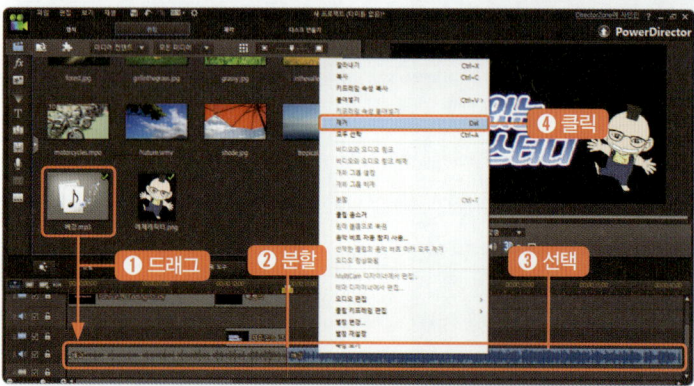

❶ [미디어 룸]-[미디어 가져오기]-[소리자료] 폴더에서 '인트로 배경 음악'을 불러옵니다.

❷ '배경 음악'을 소리 트랙으로 드래그합니다.

❸ 동영상의 끝부분에 맞춰 '배경 음악'을 '분할'시킵니다.

❹ '분할'한 불필요한 '배경 음악'은 제거합니다.

● 배경 음악의 음량을 조절합니다.

● '저장 위치'와 '확장자'를 선택한 후 [시작]을 클릭합니다.

2 ▶ 본문 동영상 꾸미기

장면을 나누어 촬영한 동영상과 인트로 동영상을 한 트랙으로 모아 볼까요?

▶ '인트로 동영상'과 '본문 동영상'을 합치고, 자막 추가하기   ▶ 예제 파일 : 14장 폴더

만약 인트로에 사용한 '배경' 음악 '음성'을 유지하고 싶다면 두 영상의 트랙 위치를 달리합니다.

❶ 동영상을 합쳐 '전환 효과'를 자유롭게 지정해 봅니다.

- [미디어 룸]-[미디어 가져오기]를 클릭하여 [영상자료] 폴더에서 '본문동영상1'~'본문동영상4'와 '인트로 동영상'까지 모두 불러 옵니다.

- ❶ '인트로동영상', '본문동영상1', '본문동영상2', '본문동영상3', '본문동영상4'를 순서대로 트랙으로 이동합니다.
- ❷ 오른쪽 마우스를 클릭한 다음, [비디오/이미지 편집]-[파워 도구]를 이용하여 동영상의 '비디오 속도'를 조절합니다.

- ❶ 각 동영상 사이의 화면에 [전환 룸]에서 '전환' 효과를 선택하여 적용합니다.
- ❷ '전환' 효과를 트랙에 적용한 후 Ctrl + '마우스 휠'을 밀면 타임라인이 넓어집니다.
- ❸ 넓어진 타임라인에서 '전환' 효과의 실행 시간을 확인하고, 적당한 실행 시간으로 조절할 수 있습니다.

CHAPTER 14 다양한 방법으로 편집하고 꾸미기 _ **127**

❷ 파워포인트로 작성한 '로고'를 '동영상'에 추가합니다.

❶ [미디어 룸]–[미디어 가져오기]–[14장]–[이미지자료]에서 '로고'를 불러옵니다.

❷ '로고' 이미지를 트랙에 드래그합니다.

❸ '미리보기' 창에서 '로고'의 크기를 조절합니다.

❹ '로고'의 타임라인을 동영상의 타임라인과 똑같은 길이로 조절합니다.

❸ '배경 음악'과 음성을 넣어 봅니다.

❶ [미디어 룸]–[미디어 가져오기]–[14장]–[소리자료]에서 '본문배경음악'을 불러옵니다.

❷ '본문배경음악'을 트랙에 추가합니다.

❸ '본문배경음악'의 타임라인을 조절합니다.

❹ '본문배경음악'의 음량을 작게 조절합니다.

❶ [미디어 룸]–[미디어 가져오기]–[14장]–[소리자료]에서 [음성]을 불러옵니다.

❷ '음성'을 트랙으로 드래그합니다.

❸ '음성'과 '동영상' 자막을 확인하여 말의 순서가 맞지 않으면 '음성'을 분할하여 '동영상'과 '음성'의 속도를 맞춥니다.

● 완성된 동영상에 '음성'과 어울리게 '자막'을 삽입하고 저장합니다.

Chapter 15

유튜브에 동영상 업로드하기

[유튜브 스타 되기 STEP 15]
❶ 유튜브 채널 만들기
❷ 동영상 업로드하기

▶ 핫핫 구독하기

유튜브 사이트에 나만의 개성 있는 채널을 만들고, 채널에 동영상을 업로드하는 방법에 대해 알아봅니다.

1 유튜브 채널 만들기

크터 선생님! 지금까지 만든 동영상을 유튜브에 올리고 싶어요. 그런데 유튜브에 채널이 없어서 업로드할 수가 없어요. 어떻게 해야 하나요?

'크리에이터 스튜디오'라는 동영상을 관리하는 페이지가 있어요. 동영상을 얼만큼 시청하고 있는지도 실시간으로 확인할 수 있고, 댓글 및 조회수까지 확인이 가능한 곳입니다.

▶ 크리에이터 스튜디오 알아보기

'크리에이터 스튜디오'는 동영상을 관리하는 관리자 페이지입니다.

❶ '크리에이터 스튜디오'에 접속을 합니다. (익스플로러 활용)

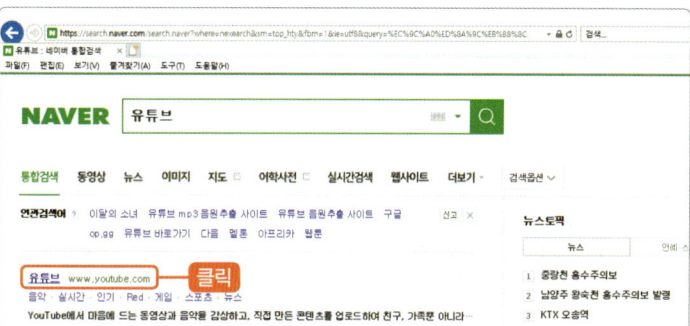

❶ 검색 엔진 '네이버'를 실행합니다.
❷ '유튜브'를 검색합니다.
❸ '유튜브'를 클릭합니다.

● '로그인' 버튼을 클릭합니다.

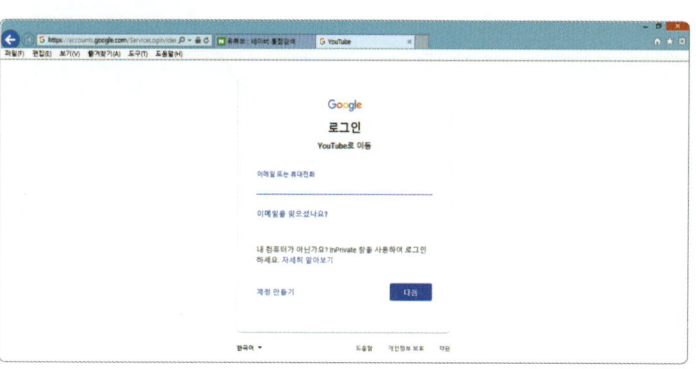

❶ '구글'을 '로그인'합니다.
❷ '아이디'가 없다면 '구글'에 가입하여 '로그인'합니다.

❷ 만들어 놓은 동영상을 업로드할 나만의 채널을 생성합니다.

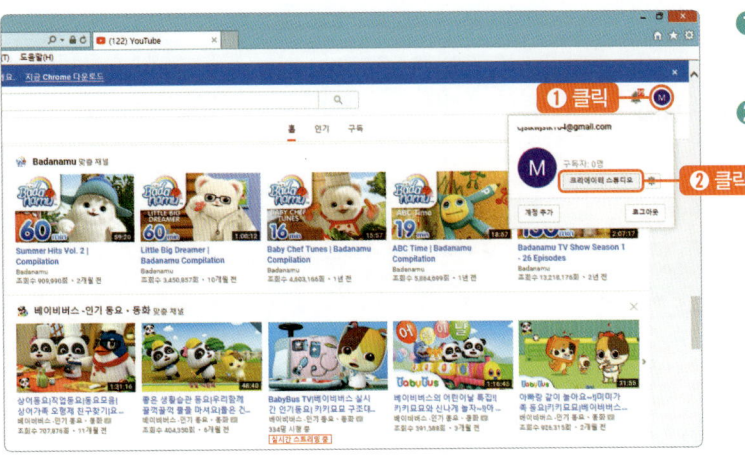

❶ 오른쪽 상단의 '대표 이미지'를 클릭합니다.
❷ '크리에이터 스튜디오'를 클릭합니다.

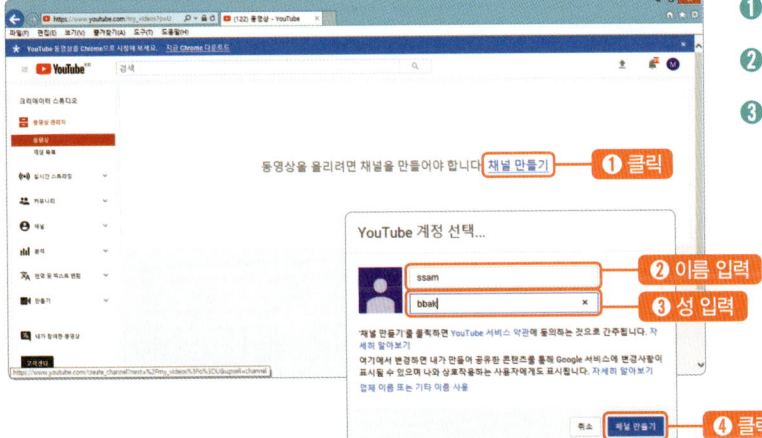

❶ '채널 만들기'를 클릭합니다.
❷ '이름'과 '성'을 입력합니다.
❸ '채널 만들기'를 클릭합니다.

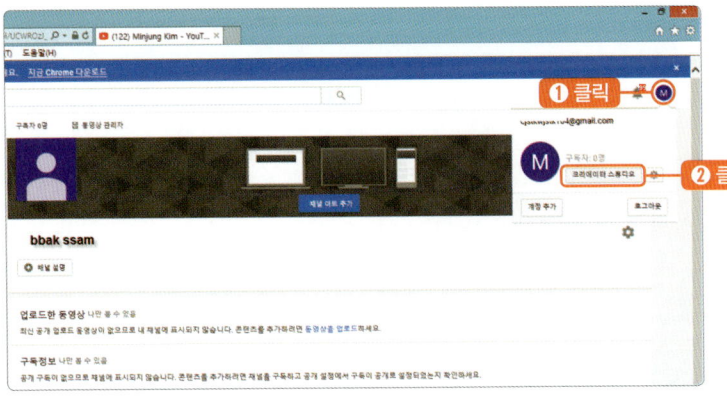

❶ 유튜브 채널 만들기가 완료되었습니다.
❷ 오른쪽 상단의 대표 이미지를 클릭합니다.
❸ '크리에이터 스튜디오'를 클릭합니다.

● 대시보드를 확인합니다.

❸ '크리에이터 스튜디오'를 살펴봅니다.

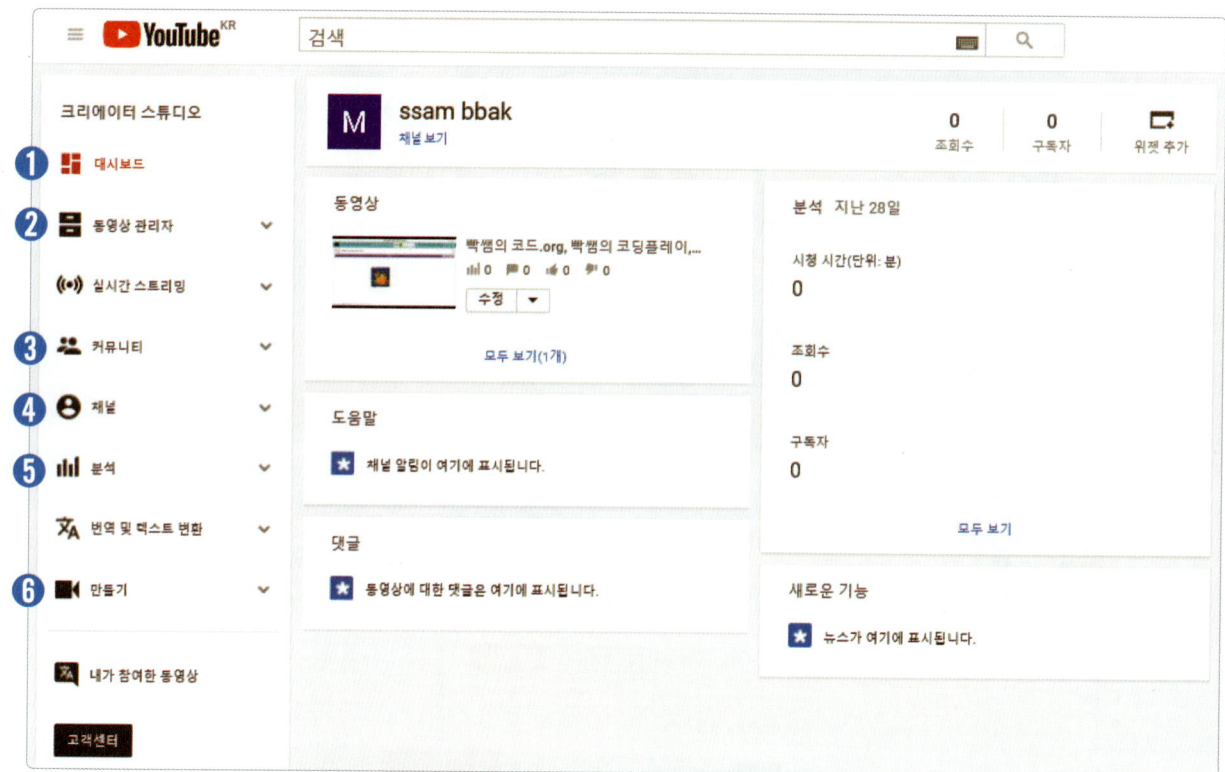

❶ **대시보드** : 크리에이터 스튜디오에 들어오면 처음 보이는 페이지로 채널의 상태를 확인할 수 있습니다.

❷ **동영상 관리자** : 업로드한 동영상을 관리할 수 있습니다.

❸ **커뮤니티** : 댓글, 구독자 조회, 스팸 댓글 확인 등 구독자와 커뮤니티를 할 수 있는 공간입니다.

❹ **채널** : 채널의 상태를 확인하고, 유튜브의 여러 기능을 추가하거나 삭제할 수 있습니다.

❺ **분석** : 실시간으로 시청 시간, 조회수, 좋아요, 공유 등을 확인할 수 있습니다.

❻ **만들기** : 유튜브에서 제공하는 무료 배경 음악이나 효과음을 다운로드할 수 있습니다.

2 동영상 업로드하기

크터 선생님! 유튜브에 채널을 만들었어요.
이제 동영상 업로드하는 방법을 알려 주세요!

동영상을 업로드하면 동영상 관리는 필수겠죠? '크리에이터 스튜디오'로 들어가는 방법을 꼭 기억하고 있어야 합니다. 그렇지 않으면 '동영상을 어떻게 업로드했었지?' 하고 매번 메뉴를 찾게 될 수도 있으니까요.

▶ 유튜브 채널에 동영상 업로드하기

- 동영상을 업로드하는 방법을 기억해 둡니다.
- ❶ 상단에 '업로드 화살표 이미지'를 클릭하여 업로드합니다.
- ❷ 채널 중간에 '동영상을 업로드' 글자를 클릭하여 업로드합니다.

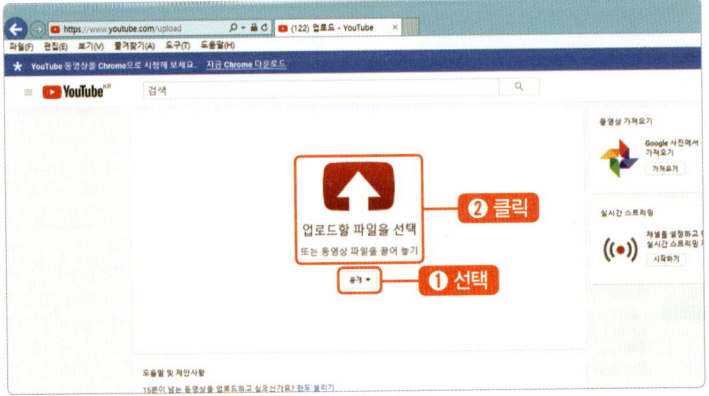

- ❶ 동영상을 업로드하기 전에 '공개', '미등록', '미공개' 등을 선택합니다.
- ❷ [업로드할 파일을 선택] 버튼을 클릭합니다.
- ❸ '열기' 창이 표시되면 업로드할 동영상을 선택합니다.

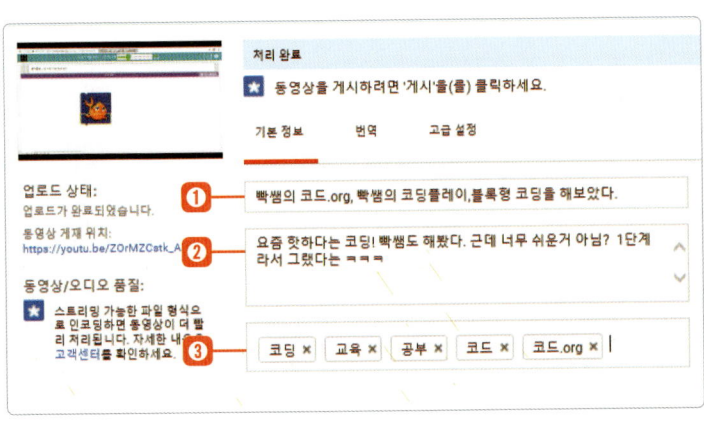

- 동영상이 업로드되면 '기본 정보'에서 다음 내용을 작성합니다.
- ❶ 동영상의 제목을 입력합니다.
- ❷ 동영상을 설명합니다.
- ❸ 태그를 ','로 구분하며 입력합니다.

CHAPTER 15 유튜브에 동영상 업로드하기 _ 133

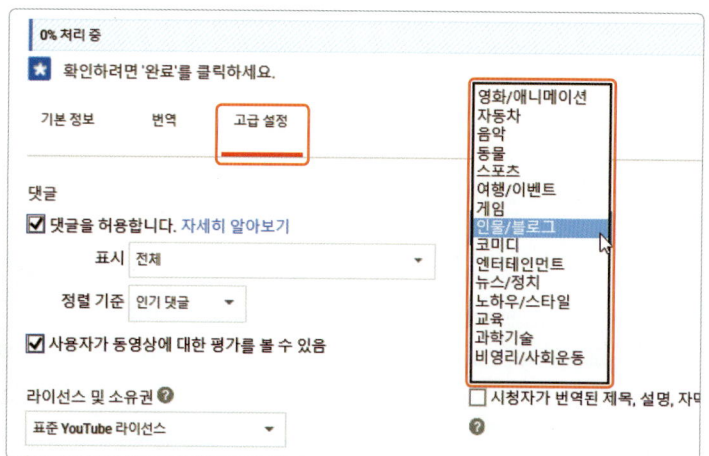

❶ '고급 설정'을 클릭합니다.
❷ 해당하는 카테고리를 클릭하여 선택합니다.

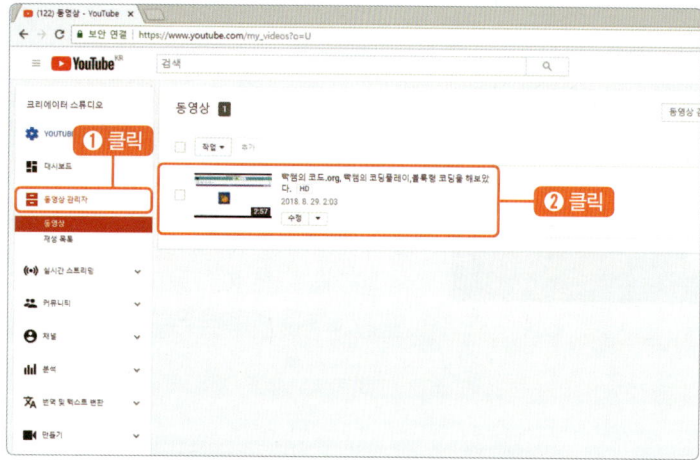

● 업로드한 동영상을 확인해 봅니다.
❶ 동영상 관리자를 클릭합니다.
❷ 업로드된 동영상을 클릭합니다.

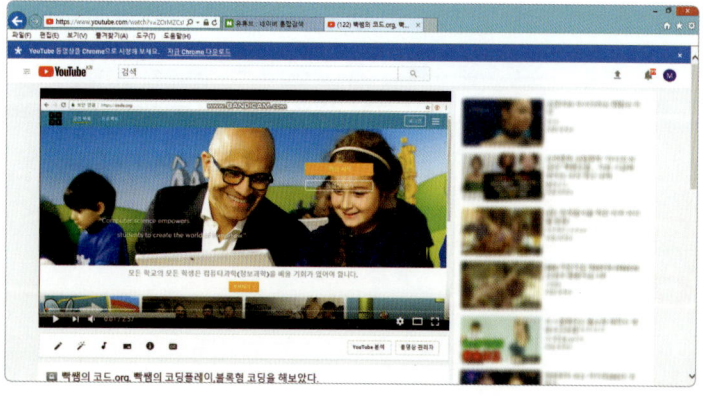

❶ 동영상이 업로드된 모습을 확인할 수 있습니다.
❷ 다른 동영상도 이와 같은 방법으로 업로드합니다.

Chapter 16

동영상에 다음 편 동영상 홍보하는 방법 알기

[유튜브 스타 되기 STEP 16]
❶ 최종 화면 및 특수 효과 추가하기

▶ 핫핫 구독하기

유튜브 사이트에서 콘텐츠를 홍보할 수 있는 다양한 방법 중 최종 화면과 특수 효과에 대해 알아봅니다.

1 최종 화면 및 특수 효과 추가하기

크터 선생님! 다른 사람들이 유튜브에 업로드한 동영상에서, 동영상이 끝날 때쯤에 다음에 볼 동영상 이미지가 화면에 나타나는 걸 봤어요. 그건 어떻게 하는 거예요?

▶ 유튜브에 특수 효과를 추가하기　　　　　　　　　　　　　　▶예제 파일 : 16장 폴더

'크리에이터 스튜디오'에서 제공하는 '최종화면 및 특수효과'는 자신의 콘텐츠를 소개하고 시청을 유도하여 구독자들이 많이 유입될 수 있도록 도와주는 기능입니다.

① 촬영한 영상에 '최종화면' 홍보 시간을 추가해 봅니다.

- 마지막 동영상 장면에 다음 콘텐츠를 홍보할 시간을 추가합니다.
① '파워디렉터 12'를 실행합니다.
② [미디어 룸]-[미디어 가져오기]를 클릭하여 '16장 동영상자료'와 '마지막 동영상' 파일을 불러옵니다.
③ '16장 동영상자료'를 첫 번째 트랙으로 드래그합니다.
④ '마지막 동영상' 자료를 두 번째 트랙으로 이동합니다.

Tip 두 동영상을 다른 트랙으로 드래그한 이유는 마지막 동영상에 배경 소리가 삽입되어 있을 경우 소리를 제거해야 되기 때문입니다.

알아 두면 좋아요

다음에 콘텐츠를 제작할 때에는 처음부터 '콘텐츠' 홍보를 위한 마지막 동영상을 '20'초 정도 준비해 둡니다. 이번과 같이 홍보를 위한 트랙이 없을 경우 다시 한번 작업을 해야 하는 불편함이 생기기 때문입니다.

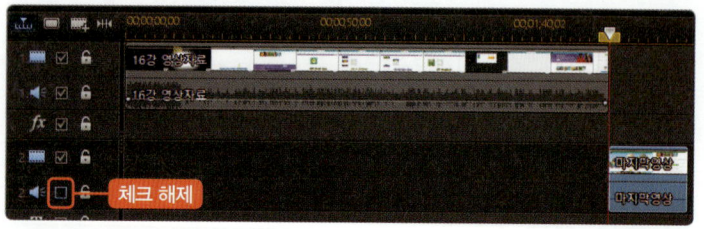

- 만약, '마지막 동영상'에 소리가 포함되어 있을 경우 소리 체크를 비활성화하여 배경 소리를 제거합니다.

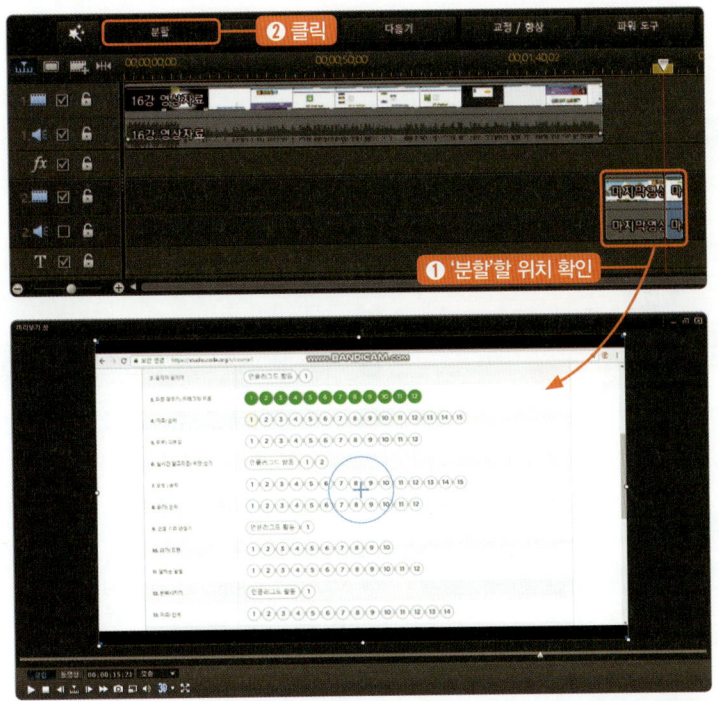

- 추가된 '마지막 동영상'의 재생 시간이 너무 길다면, 분할하여 뒷부분만 사용합니다.
① 마지막 동영상을 '미리보기' 창으로 확인합니다.
② 원하는 분할 위치를 지정하고, 분할 버튼을 클릭합니다.
③ 필요 없는 영상을 제거합니다.

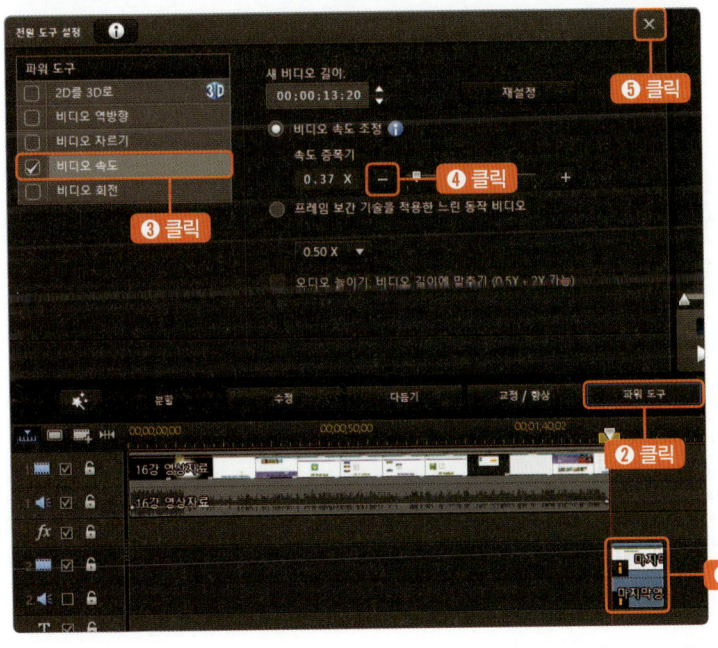

- 분할한 동영상의 시간이 짧다면 [비디오/이미지 편집]-[파워 도구]를 이용하여 동영상의 시간을 조절해 줍니다.
① 시간을 조절할 동영상을 선택합니다.
② '파워 도구'를 클릭합니다.
③ '비디오 속도'를 클릭합니다.
④ 비디오 속도 조절의 '-'를 클릭하여 동영상이 느리게 실행되도록 합니다.
⑤ 시간을 조절했다면 'x(종료)' 버튼을 클릭합니다.
⑥ 동영상으로 제작합니다.

❷ 업로드한 유튜브 동영상을 삭제해 봅니다. 같은 내용의 영상을 다시 업로드하기 위해 기존에 업로드된 동영상을 삭제합니다.

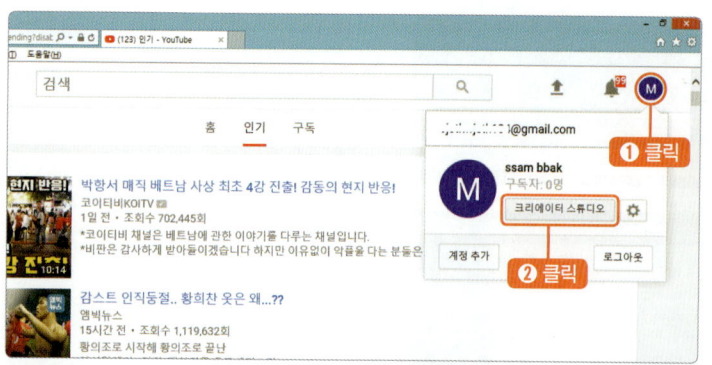

- 수정한 동영상을 다시 유튜브에 업로드하기 위해 전에 올렸던 동영상을 삭제합니다.

❶ 유튜브 사이트를 접속합니다.
❷ 로그인합니다.
❸ 위쪽 상단의 대표 이미지를 클릭합니다.
❹ '크리에이터 스튜디오'를 클릭합니다.

❶ 동영상 관리자를 클릭합니다.
❷ 수정 ▼ 버튼을 클릭합니다.

❶ '삭제'를 클릭합니다.
❷ 동영상이 삭제되었는지 확인합니다.

- 수정한 동영상 파일을 업로드합니다.

❸ '최종화면 및 특수효과'에 삽입할 구독 버튼을 만들어 봅니다.　　▶예제 파일 : 16장 폴더

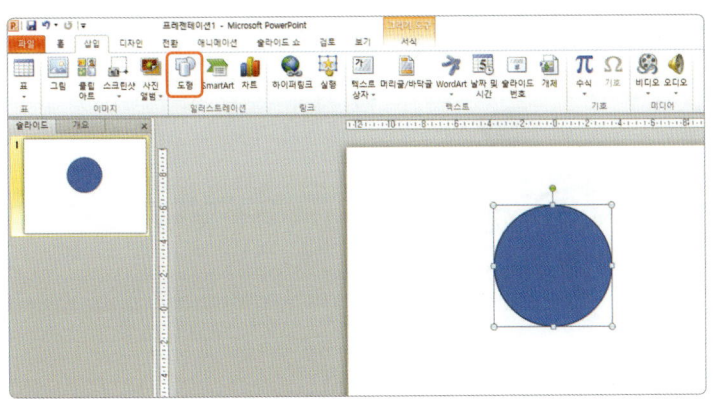

❶ 파워포인트를 실행합니다.
❷ [삽입]-[일러스트레이션]-[도형]에서 원을 클릭합니다.
❸ 원을 그려 넣습니다.

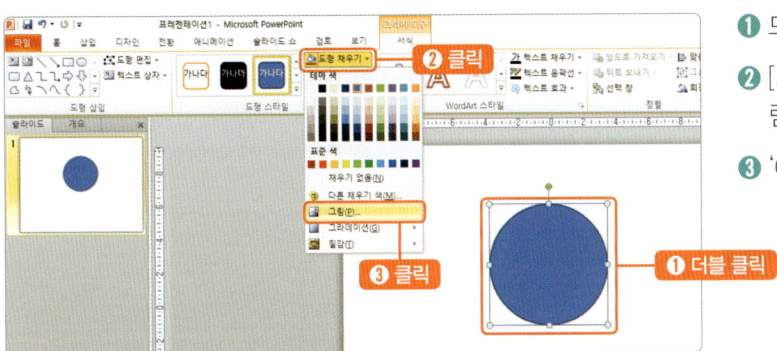

❶ 도형(원)을 더블클릭합니다.
❷ [서식]-[도형 스타일]-[도형 채우기]-[그림]을 클릭합니다.
❸ '예제 캐릭터' 이미지를 불러옵니다.

❶ 도형(원)을 선택합니다.
❷ 도형(원) 위에서 마우스 오른쪽 버튼을 클릭합니다.
❸ 단축 메뉴가 나오면 [그림 서식]을 클릭합니다.

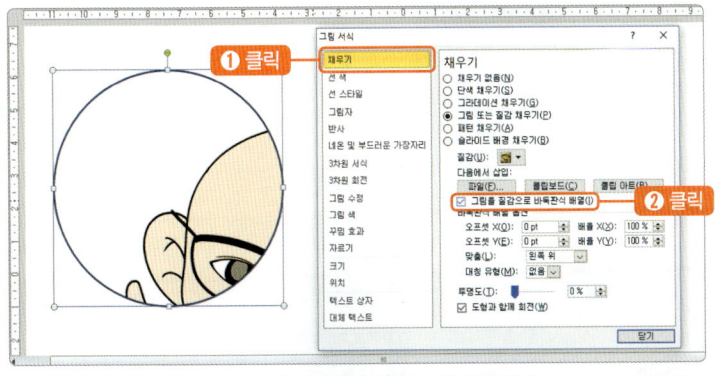

❶ [그룹 서식] 대화상자가 열리면 [채우기]를 클릭합니다.
❷ '채우기' 창의 '그림을 질감으로 바둑판식 배열'을 체크합니다.
❸ 그림의 위치와 크기를 자유롭게 조절합니다.

① 오프셋 X : 그림의 좌우여백
② 오프셋 Y : 그림의 상하여백
③ 맞춤 : 그림의 위치
④ 배율 X : 그림의 좌우 크기를 조절
⑤ 배율 Y : 그림의 상하 크기를 조절

- 도형 스타일을 이용하여 서식을 변경해 봅니다.
❶ 도형을 선택합니다.
❷ [서식]-[도형 스타일]-[도형 윤곽선], [도형 효과]를 활용합니다.

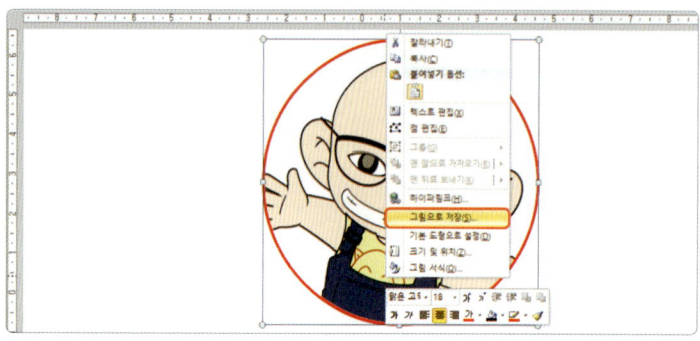

❶ '그림' 위에서 마우스 오른쪽 버튼을 클릭합니다.
❷ 단축 메뉴가 나오면 '그림으로 저장'을 클릭합니다.
❸ 그림파일을 'PNG' 파일 형식으로 저장합니다.

❹ 채널의 '대표 이미지'를 변경해 봅니다.

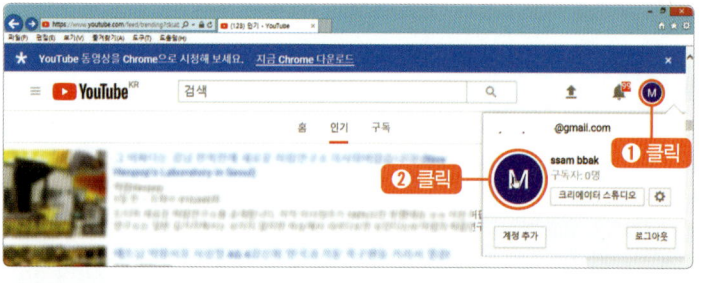

❶ 페이지 상단의 대표 이미지를 클릭합니다.
❷ 상세 페이지가 열리면 대표이미지를 클릭합니다.

❶ [사진 업로드]를 클릭합니다.
❷ 열기 창이 열리면 제작한 캐릭터 이미지를 불러옵니다.
❸ [완료]를 클릭하여 대표이미지를 변경합니다.

❺ 동영상 '최종화면'에 구독 버튼과 다음 시간에 보여 줄 동영상을 추가해 봅니다.

❶ 유튜브로 페이지로 돌아갑니다.
❷ 페이지 상단의 대표 이미지를 클릭합니다.
❸ '크리에이터 스튜디오'를 클릭합니다.

● '동영상 관리자' 메뉴를 클릭합니다.

❶ '최종 화면 및 특수 효과'를 적용할 동영상의 수정 버튼을 클릭합니다.
❷ '최종 화면 및 특수효과'를 클릭합니다.

● 추가할 동영상의 위치를 자동 설정하기 위해 '템플릿 사용'을 클릭합니다.

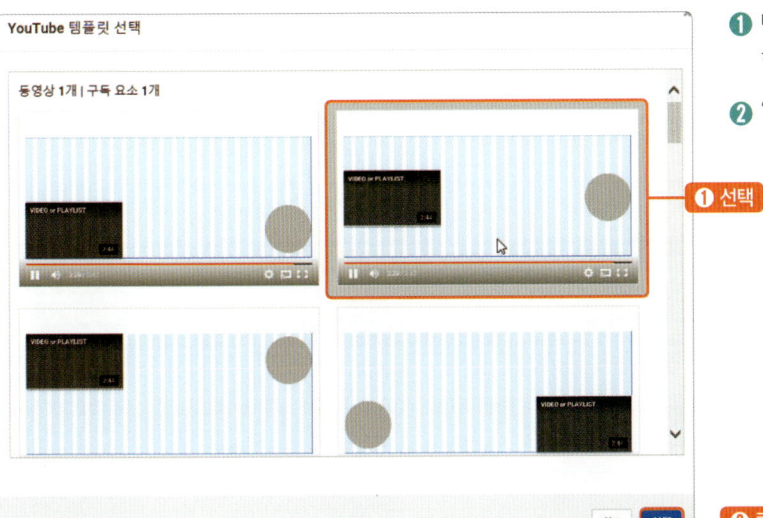

❶ 템플릿 소스 중에 원하는 템플릿을 선택합니다.
❷ '선택'을 클릭합니다.

❶ 마우스로 드래그하여 동영상과 구독 버튼의 위치를 변경합니다.

❷ 동영상 재생 목록을 추가하기 위해 동영상을 더블클릭합니다.

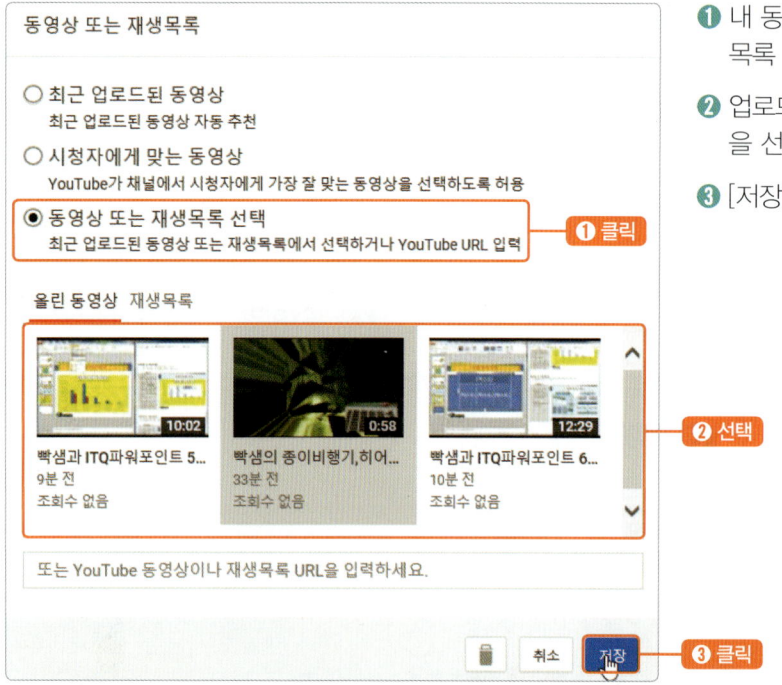

❶ 내 동영상을 출력하기 위해 '동영상 또는 재생 목록 선택'을 클릭합니다.

❷ 업로드한 동영상 재생 목록 중 마지막 동영상을 선택합니다.

❸ [저장] 버튼을 클릭합니다.

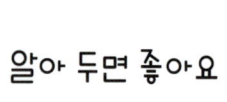

❶ 미리보기 을 클릭하여 동영상을 확인하며 타임라인에서 동영상과 구독 버튼이 나타날 위치를 지정합니다.

❷ 상단에 저장 버튼 을 클릭합니다.

알아 두면 좋아요

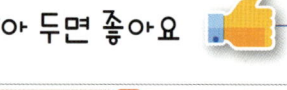

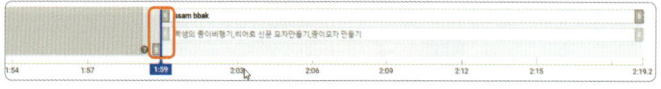

동영상과 자막이 출력되는 시간은 동일하게 지정합니다.

다양한 홍보 동영상 만들기 1

[유튜브 스타 되기 STEP 17]
❶ 동영상 중간에 홍보 카드 넣기

 핫핫 구독하기

유튜브 사이트에서 콘텐츠를 홍보할 수 있는 다양한 방법 중 카드에 대해 알아봅니다.

1 동영상 중간에 홍보 카드 담기

크터 선생님! 유튜브 동영상을 보면 윗부분에 다른 동영상을 소개하는 글이 나타날 때가 있는데요. 그건 어떻게 만드는 거예요?

카드를 말하는 거죠? '크리에이터 스튜디오' 안에 있는 카드는 자신의 영상뿐만 아니라 다른 친구의 동영상을 소개할 수도 있고, 웹 사이트 연결과 설문 조사까지 할 수 있는 기능입니다.

▶ 동영상 중간에 다른 동영상을 홍보하는 카드 넣기

① 자신의 콘텐츠를 카드 형태로 동영상 중간에 넣어 봅니다.

❶ 페이지 상단에 '대표 이미지'를 클릭합니다.
❷ '크리에이터 스튜디오'를 클릭합니다.

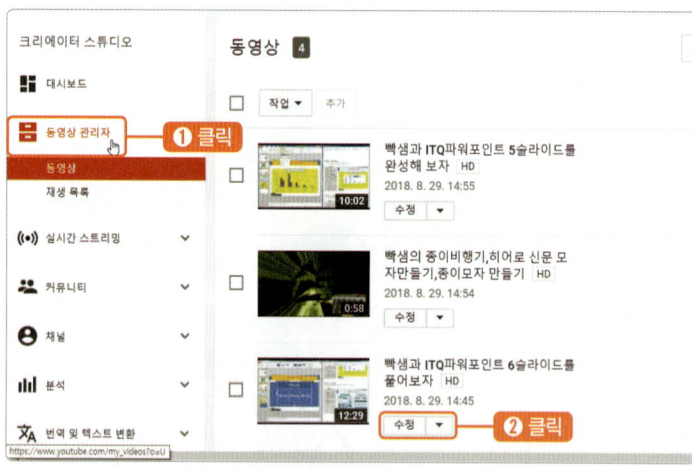

❶ '동영상 관리자'를 클릭합니다.
❷ 해당 동영상의 수정 ▼ 버튼을 클릭합니다.

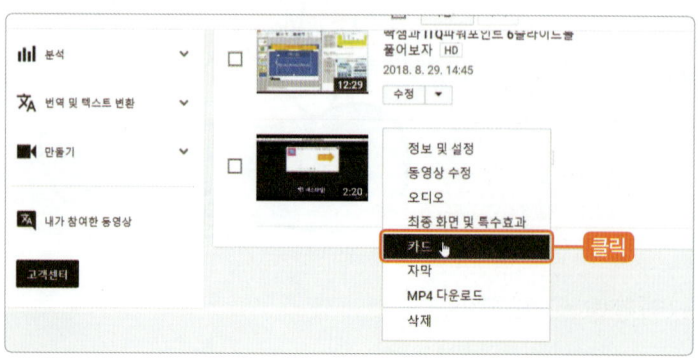

● 메뉴에서 '카드'를 클릭합니다.

144 _ 핫핫 스타 유튜브 크리에이터 되기

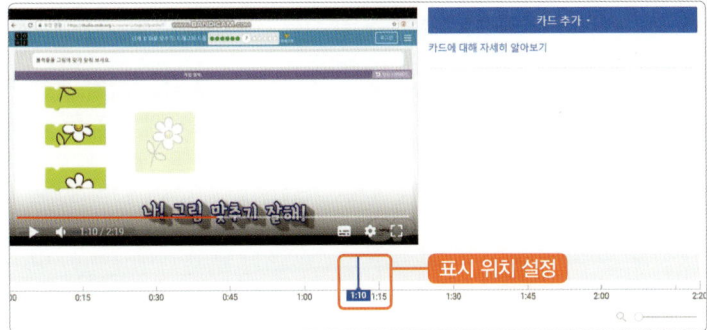

● '카드'를 만들기 전에 타임라인에서 '카드'가 표시될 위치를 먼저 지정합니다.

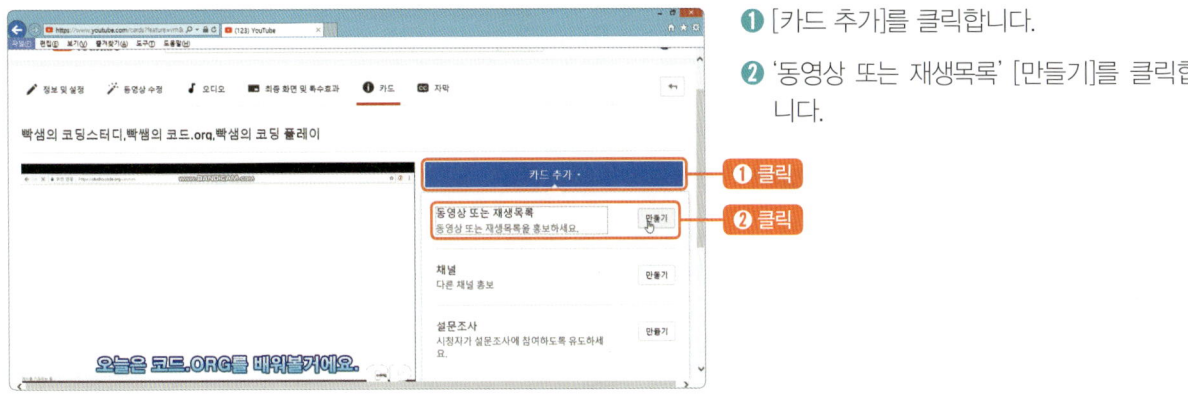

❶ [카드 추가]를 클릭합니다.

❷ '동영상 또는 재생목록' [만들기]를 클릭합니다.

❶ 카드에 표시될 동영상을 선택합니다.

❷ 맞춤 메시지와 티저 텍스트를 입력합니다.

❸ 저장을 클릭하면 동영상에 다음과 같은 카드 이미지가 나타납니다.

CHAPTER 17 다양한 홍보 동영상 만들기 1 _ **145**

❷ 다른 사람의 콘텐츠를 카드를 통해 자신의 동영상 중간에 넣어 소개해 봅니다.

● 두 번째 카드를 추가하기 위해 타임라인에서 카드가 표시될 위치를 다시 지정합니다.

❶ 아는 사람의 콘텐츠를 자신의 동영상에 카드 내용으로 추가하기 위해 새로운 유튜브 창을 엽니다.

❷ 새 창이 열리면 원하는 콘텐츠를 검색하여 해당 채널의 동영상으로 이동합니다.

❶ 동영상의 '하단'에 공유를 클릭합니다.

❷ 하단 메뉴가 열리면 다시 '공유'를 클릭합니다.

❸ 해당 영상의 주소를 복사합니다.

❶ 카드 넣기를 했던 '크리에이터 스튜디오' 창으로 돌아옵니다.

❷ [카드 추가] 버튼을 클릭합니다.

❸ '동영상 또는 재생목록' [만들기]를 클릭합니다.

❶ 복사해 둔 다른 사람의 콘텐츠 주소를 붙여 넣습니다.

❷ '맞춤 메시지'와 '티저 텍스트'를 입력합니다.

❸ [카드 만들기]를 클릭합니다.

❶ 타임라인의 흰색 막대를 이용하여 카드가 표시되는 위치를 변경할 수 있습니다.

❷ 파란색 시간 막대를 이동하여 카드가 동영상에 제대로 출력되는지 확인해 봅니다.

CHAPTER 17 다양한 홍보 동영상 만들기 1 _ **147**

Chapter 18

다양한 홍보 동영상 만들기 2

[유튜브 스타 되기 STEP 18]
❶ 주제별 재생 목록 만들어 홍보하기
❷ 나만의 스타일로 '채널 홈' 꾸미기

▶ 핫핫 구독하기

유튜브 채널의 페이지를 꾸며 보고, 다음 기회에 시청할 동영상을 재생 목록으로 만들어 봅니다.

1 주제별 재생 목록 만들어 홍보하기

콘텐츠를 업로드할 때 주제가 같은 동영상끼리 모을 수 있는데요. 이를 재생 목록이라고 합니다.
우리가 업로드한 동영상을 주제별 재생 목록으로 만들어 볼까요?

▶ 구독자를 유혹할 재생 목록 만들기

채널에 방문한 구독자가 관심 있는 동영상을 한 번에 찾아 볼 수 있도록 도와주는 기능이 재생 목록입니다.

1 재생 목록을 작성합니다.

❶ 페이지 상단의 '대표 이미지'를 클릭합니다.
❷ '크리에이터 스튜디오'를 클릭합니다.

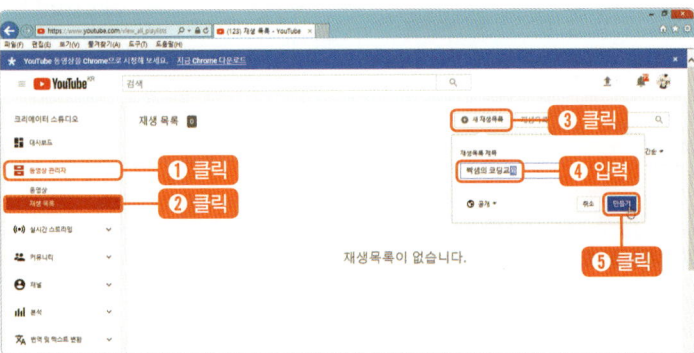

❶ [동영상 관리자]를 클릭합니다.
❷ [재생 목록]을 클릭합니다.
❸ [새 재생 목록]을 클릭합니다.
❹ '재생 목록 제목'을 입력합니다.
❺ [만들기]를 클릭합니다.

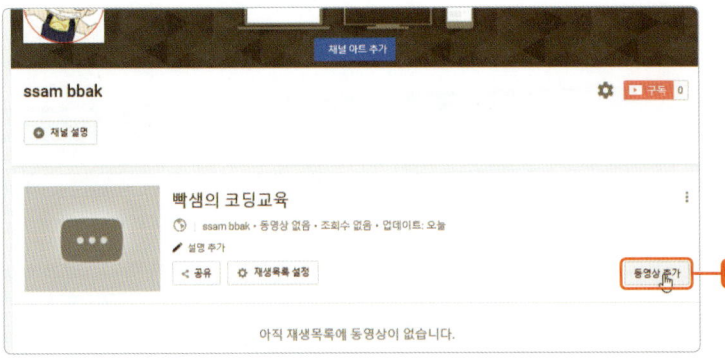

● '재생 목록'이 생성되면 [동영상 추가] 버튼을 클릭하여 동영상을 추가합니다.

CHAPTER 18 다양한 홍보 동영상 만들기 2 _ **149**

❶ '재생 목록'에 추가할 동영상을 선택합니다.

❷ [동영상 추가] 버튼을 클릭합니다.

● 동영상이 추가된 모습을 확인할 수 있습니다.

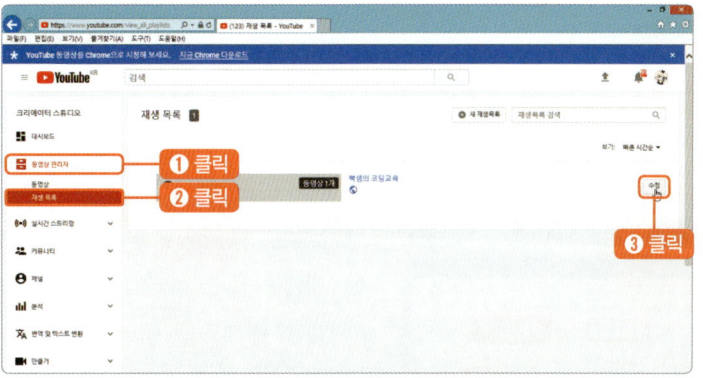

❶ 두 번째 동영상을 '재생 목록'에 추가할 때는 '크리에이터 스튜디오'로 접속합니다.

❷ '동영상 관리자'를 클릭합니다.

❸ '재생 목록'을 클릭합니다.

❹ 만들어진 '재생 목록'의 [수정] 버튼을 클릭합니다.

● [동영상 추가]를 클릭하여 동영상을 '재생 목록'에 추가합니다.

2 나만의 스타일로 '채널 홈' 꾸미기

크터 선생님! 유튜브 채널을 방문했을 때의 첫 페이지를 나만의 스타일로 꾸미고 싶어요.

새로운 친구를 만났을 때 첫인상이 어땠나요? 구독자가 채널을 방문했을 때 바로 보이는 메인 페이지는 첫인상을 나타내기 때문에 기억에 남도록 꾸미는 것이 중요해요. 기분 좋은 또는 기억에 남는 첫인상을 주려면 어떻게 꾸미는 게 좋을까요?

▶ **채널의 메인 페이지 꾸미기**　　　　　　　　　　　　　　　▶ 예제 파일 : 18장 폴더

메인 페이지는 채널을 나타내는 상단 이미지와 하단의 섹션 영상들로 이루어져 있습니다.

❶ 메인 페이지의 상단 이미지 만들기

주소　https://pixlr.com/editor/

❶ 상단 이미지를 만들기 위해 픽슬러 사이트에 접속합니다.

❷ [컴퓨터로부터 이미지 열기]를 클릭합니다.
(상단 이미지 크기 : (가로) 2560픽셀 × (세로) 1152픽셀

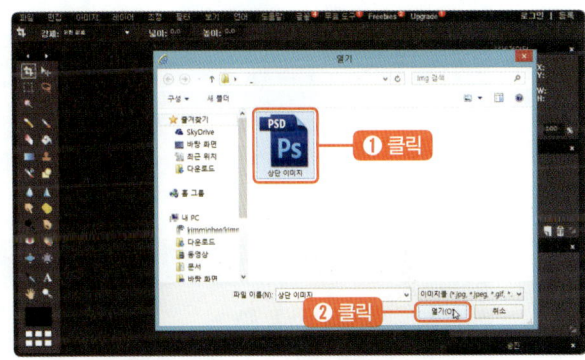

● '18장' 폴더에서 '상단 이미지' 파일을 불러 옵니다.

❶ 배경색을 채우기 위해 '페인트 통'을 선택합니다.

❷ '배경색'을 더블클릭하여 '원하는 색상'을 선택합니다.

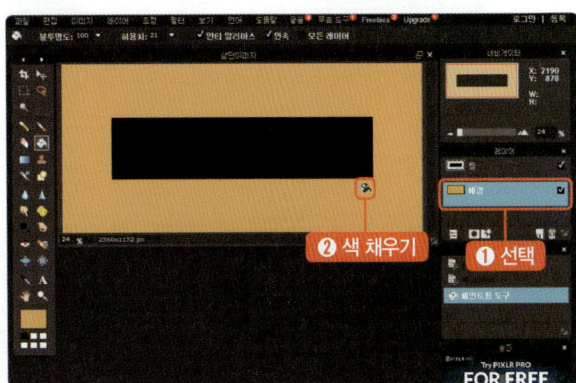

❶ '배경' 레이어를 선택합니다.

❷ 클릭하여 배경색을 채웁니다.

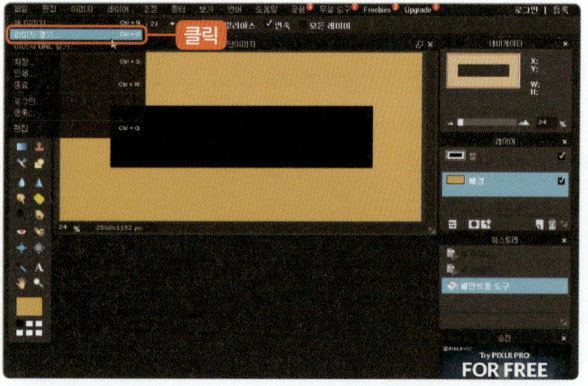

- [파일]-[이미지 열기]-'캐릭터'를 불러옵니다.

- [편집]-[모두 선택]을 클릭합니다.

- [편집]-[복사]를 클릭하여 캐릭터를 복사합니다.

❶ '상단이미지' 파일을 선택합니다.

❷ '틀' 레이어를 선택하고 [편집]-[붙여넣기]를 합니다.

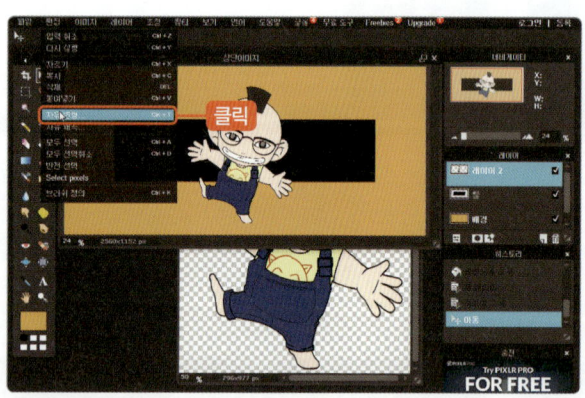

- [편집]-[자유변형]을 클릭합니다.

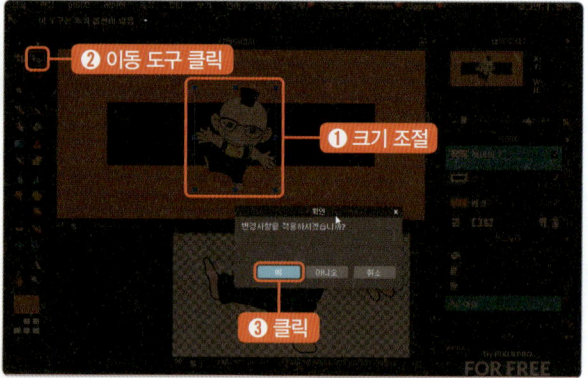

❶ '캐릭터'의 크기를 조절합니다.

❷ '이동도구'를 클릭합니다.

❸ '변경사항을 적용하시겠습니까?'라는 메시지가 나오면 [예]를 클릭합니다.

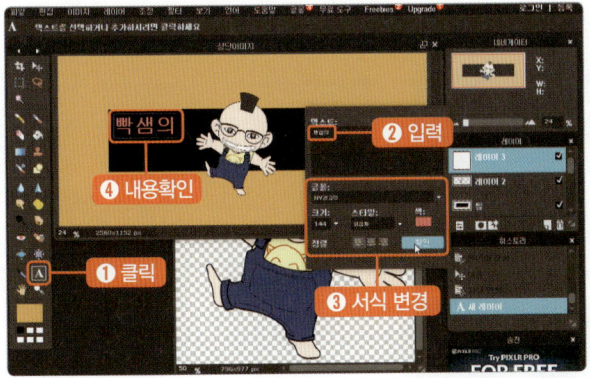

❶ 타이틀을 입력하기 위해 '문자 도구' 키를 클릭합니다.

❷ 타이틀을 입력하고 '서식'을 변경합니다.

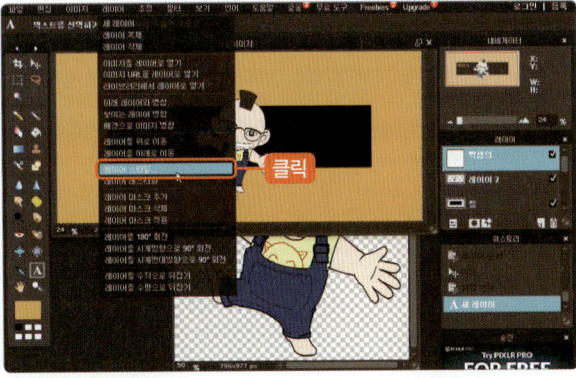

❶ [레이어]-[레이어 스타일]을 클릭합니다.

❷ '레이어' 스타일을 원하는 대로 변경합니다.

● 레이어 창에서 '틀' 레이어의 체크를 풀어 화면에서 검정색 배경을 삭제합니다.

● [파일]-[저장]을 클릭합니다.

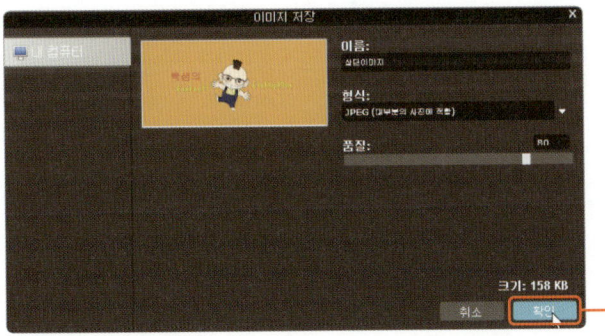

● '이름'과 '형식'을 지정하고 [확인] 버튼을 클릭합니다.

알아 두면 좋아요

레이어 스타일

❶ 그림자 : 레이어에 그림자 효과를 적용합니다.

❷ 내부 그림자 : 글자(개체) 안에 그림자 효과를 적용합니다.

❸ 경사 : 글자(개체)에 입체감을 적용합니다.

❹ 외부 광선 효과 : 글자(개체) 테두리에 빛 효과를 적용합니다.

❺ 내부 광선 효과 : 글자(개체) 안에 빛 효과를 적용합니다.

CHAPTER 18 다양한 홍보 동영상 만들기 2 _ **153**

❷ 채널 메인 상단 이미지를 변경합니다.

● 왼쪽 메뉴 중 '내 채널'을 클릭합니다.

❶ '메인 이미지' 오른쪽 상단의 연필 모양을 클릭합니다.
❷ '채널 아트 수정'을 클릭합니다.
❸ '컴퓨터에서 사진 선택'을 클릭합니다.

❶ '상단 이미지'를 열기 창에서 불러옵니다.
❷ '선택'을 클릭합니다.

❶ 변경된 이미지를 확인합니다.
❷ 마음에 들지 않을 경우 다시 '메인 이미지' 오른쪽 상단 '연필'을 눌러 수정합니다.

❸ 메인 페이지의 동영상을 섹션별로 나누어 봅니다.

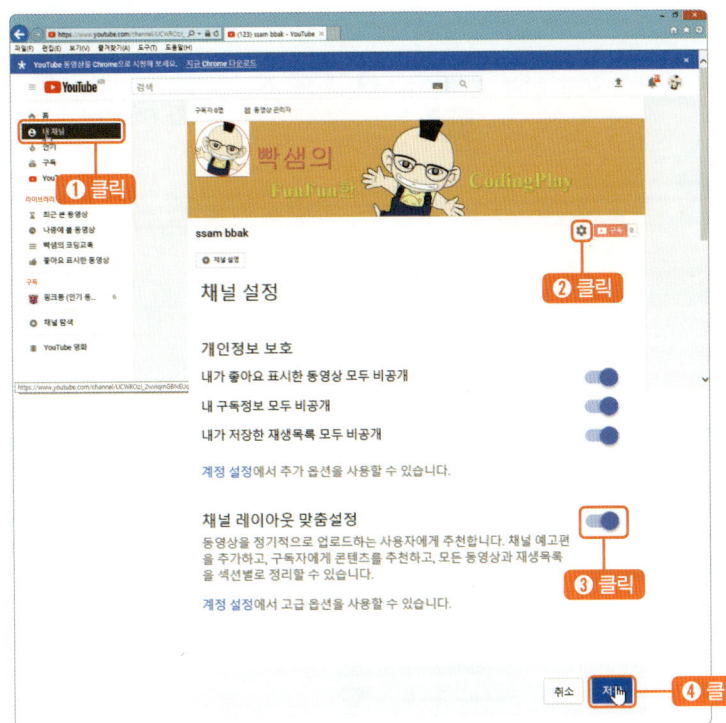

❶ 채널 페이지의 섹션을 나누기 위해 왼쪽 메뉴 중 [내 채널]을 클릭합니다.

❷ 섹션 옵션을 사용하기 위해 [설정]을 클릭합니다.

❸ [채널 레이아웃 맞춤설정]을 클릭합니다.

❹ [저장] 버튼을 누릅니다.

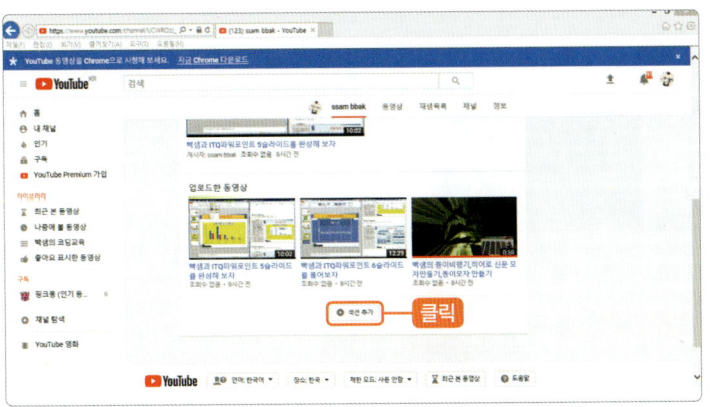

● 섹션 하단에 [섹션 추가]를 클릭합니다.

Tip 혹시 [섹션 추가] 버튼이 보이지 않는다면 '내 채널'을 다시 클릭해 봅니다.

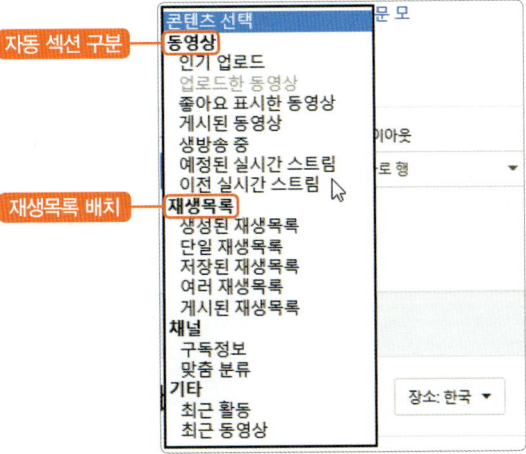

❶ 콘텐츠 선택을 클릭하면 다양한 콘텐츠 섹션을 확인할 수 있습니다.

❷ 메뉴 중 필요한 섹션을 선택합니다.

CHAPTER 18 다양한 홍보 동영상 만들기 2 _ 155

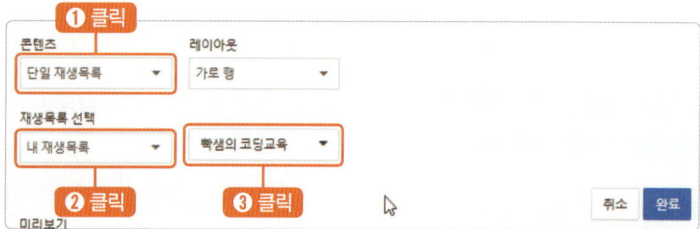

❶ 재생목록으로 만들었던 내용을 메인 페이지에 출력하기 위해 '단일 재생목록'을 클릭합니다.

❷ 재생목록 선택은 '내 재생목록'과 '생성한 목록 이름'을 선택합니다.

알아 두면 좋아요

레이아웃

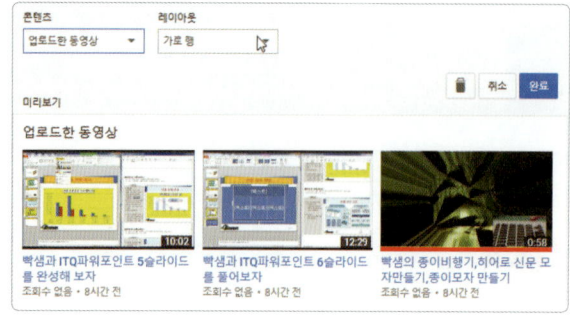

❶ 가로형 : 동영상이 오른쪽으로 나열됩니다.

❷ 세로형 : 동영상이 아래쪽으로 나열됩니다.

❶ 추가한 섹션의 나열 순서를 위 섹션과 맞바꿀 수 있습니다.

❷ 추가한 섹션의 순서를 아래 섹션과 맞바꿀 수 있습니다.

❸ 섹션을 수정 또는 삭제할 수 있습니다.

저작권의 중요성

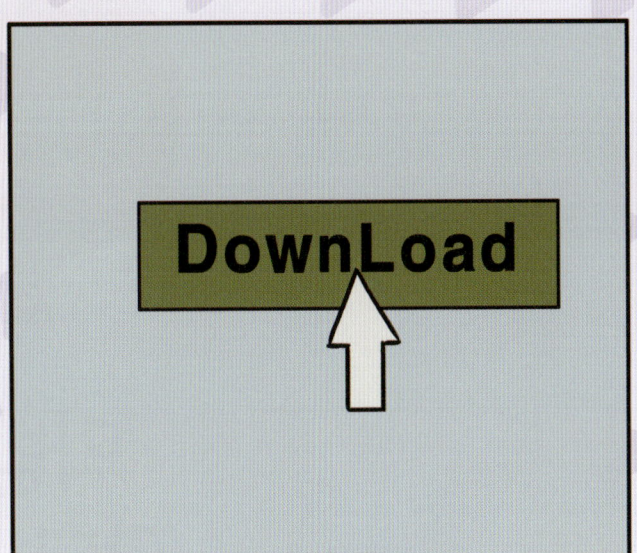

Chapter 19

먹방으로 광고 만들기

[유튜브 스타 되기 STEP 19]
1. 촬영 준비하기
2. 먹방 동영상과 배경 음악 다운로드하기
3. 소리(효과음, 배경 음악)와 PiP 개체를 마음껏 활용하기
4. 동영상 편집하고, 업로드하기

▶ 핫핫 구독하기

다양한 효과음과 PiP 개체를 만들고, 먹방 홍보 동영상을 만들어 봅니다.

1 촬영 준비하기(기획서/콘티 작성)

먹방 광고를 촬영하기에 앞서 콘티를 먼저 작성해 볼까요? 계획 없이 무작정 동영상을 촬영하고 편집하면 중요한 내용을 놓칠 수가 있어요. 그렇기 때문에 무엇을 어떻게 촬영할지에 대한 생각을 미리 정리하는 시간을 갖는 것이 중요해요.
반드시 기획서와 콘티를 작성한 후, 추가 또는 삭제할 부분을 검토하도록 합니다.

▶ **콘텐츠 기획하기**

❶ 촬영 기획서를 작성합니다.

먹방 광고 영상 편집 기획서	
콘텐츠 제목	
시청 대상	
콘텐츠 소개	
콘텐츠 내용	
진행 방법	
자료 수집 경로	
준비물	

❷ 촬영(편집)의 흐름을 알 수 있는 콘티를 작성합니다. 예

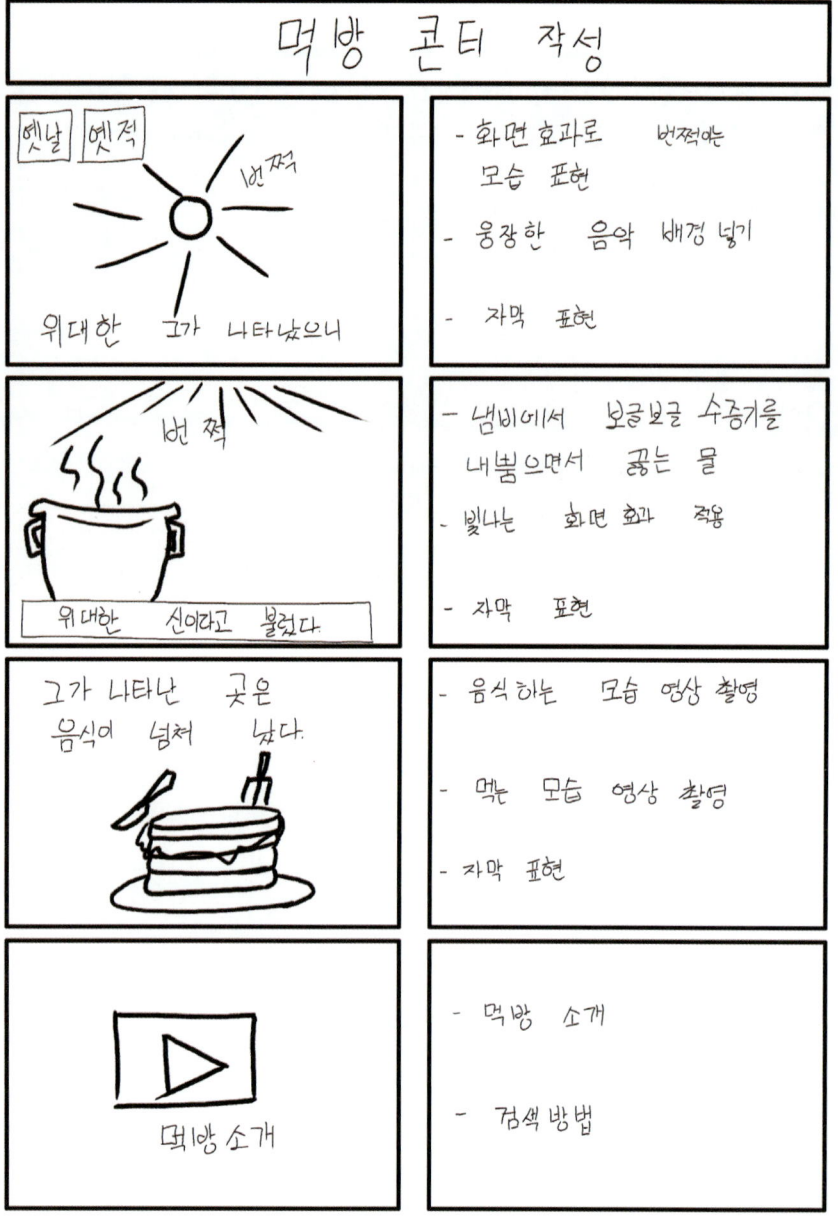

- 콘티를 작성할 때에는 그림과 글을 함께 표현해도 되고 글로만 표현해도 됩니다. 작성 방법은 따로 정해져 있는 것이 아니기 때문에 자유롭게 콘티를 작성해 봅니다.

먹방 광고 콘티 작성

2 먹방 동영상과 배경 음악 다운로드하기

 콘텐츠를 개발할 때에는 다른 사람이 개발하여 저작권이 있는 콘텐츠는 사용하면 안 됩니다. 이번 시간에는 동영상 편집을 연습하기 위해 유튜브에서 영상을 다운로드하는 방법을 알려 드리겠습니다. 하지만 실제로 '먹방' 콘텐츠를 개발하고 싶다면 자신이 직접 촬영한 동영상을 사용해야 합니다.

▶ '먹방' 광고 제작 연습하기

❶ 동영상을 다운로드합니다.

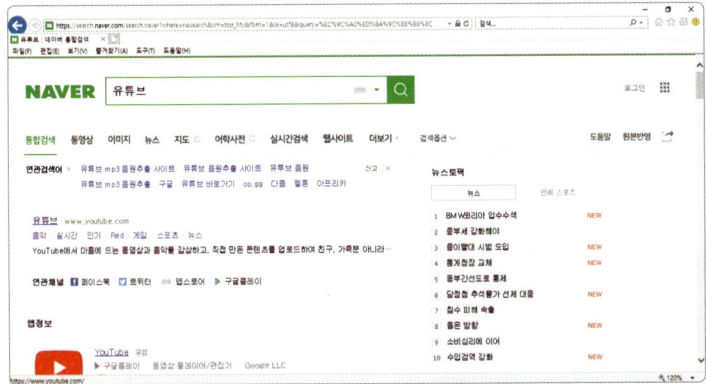

❶ 검색 엔진에서 '유튜브'를 검색합니다.
❷ '유튜브'에 로그인합니다.

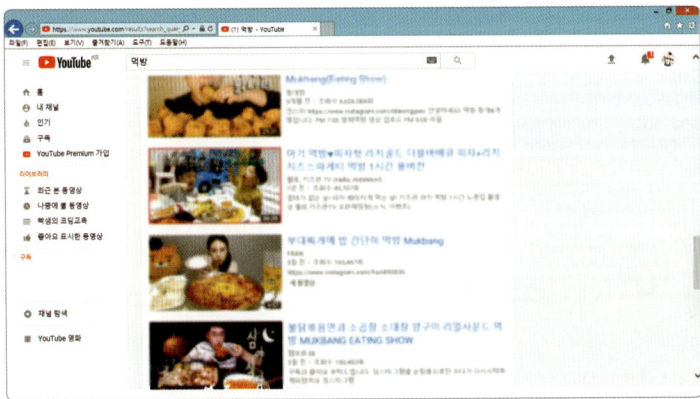

❶ 광고에 필요한 '먹방' 동영상을 찾아봅니다.
❷ 원하는 동영상을 선택합니다.

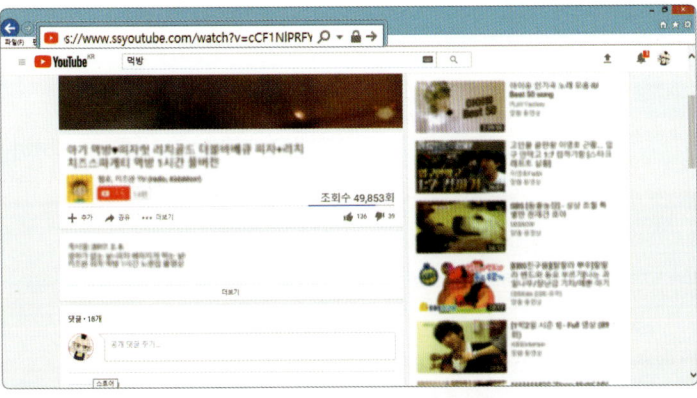

❶ 동영상의 상단 주소를 클릭합니다.

❷ 'www.'과 'youtube' 사이에 'ss'를 입력하고 [엔터]를 누릅니다.

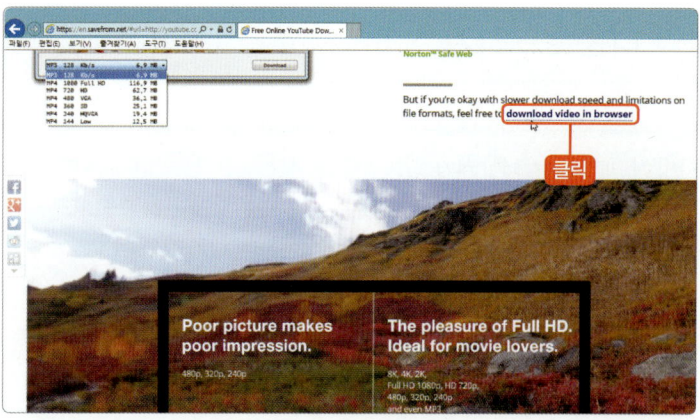

• 'download video in browser'를 클릭합니다.

❶ 초록색 버튼의 'Download'를 클릭합니다.
❷ 하단 다운로드 창 열리면 [저장]-[다른 이름으로 저장]을 클릭합니다.
❸ '저장 위치'와 '파일 이름'을 입력하고 다운로드합니다.
❹ 저장한 위치를 기억해 둡니다.
❺ 위와 같이 필요한 영상을 전부 다운로드합니다.

❷ 배경 음악과 음향 효과를 다운로드합니다.

❶ 페이지 상단의 '대표 이미지'를 클릭합니다.
❷ '크리에이터 스튜디오'를 클릭합니다.

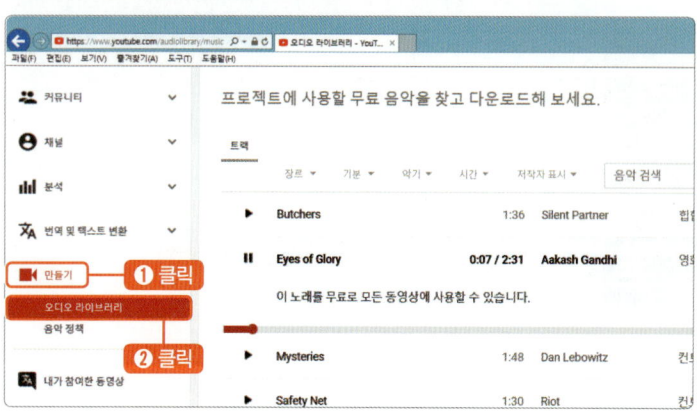

❶ [만들기]를 클릭합니다.
❷ '오디오 라이브러리'를 클릭하여 '무료 음악'과 '음향 효과'에서 필요한 음원을 다운합니다.
❸ 저장한 위치를 기억해 둡니다.

3 소리(효과음, 배경 음악)와 PiP 개체 마음껏 활용하기

광고에 사용할 다양한 모양의 자막은 어떻게 만들죠?

'파워디렉터 12'에서 직접 만들어도 되고요. 사용하기에 편한 파워포인트에서 만들어도 됩니다. 파워포인트에서 만드는 PiP 개체는 여러분이 시간을 들여 열심히 한만큼 멋있게 만들어질 거예요.

▶ '파워포인트'로 자막 만들기

① PiP 개체를 함께 만들어 봅니다.

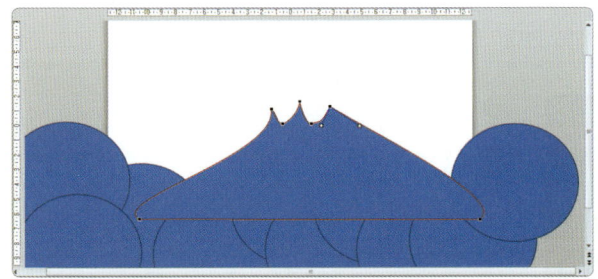
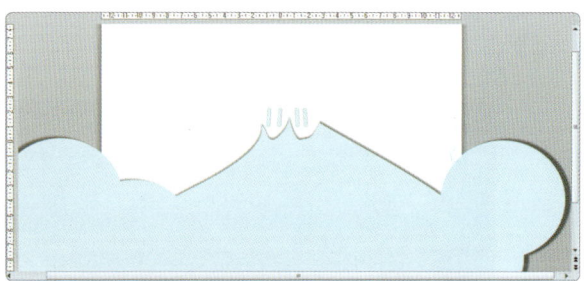

- 파워포인트로 PiP 개체를 만들 때 여러 도형을 사용하게 되는데, 이럴 때에는 도형의 '윤곽선'을 없음으로 하는 것이 좋습니다.
- 대신 '도형효과'를 이용하여 'PiP 개체'를 꾸민 후, 그림으로 저장합니다.

알아 두면 좋아요

예제 PiP 개체   ▶ 예제 파일 : 19장 폴더

CHAPTER 19 먹방으로 광고 만들기 _ **163**

4 동영상을 편집하고, 업로드하기

크터 선생님! PIP 개체 자료, 영상 소스, 배경 음악, 효과음 자료 준비가 끝났어요! 이제 저는 무엇을 하면 될까요?

먹방을 위해 준비한 자료들은 동영상의 어느 곳에 어떤 방법으로 활용할지에 대해 잘 생각하여 콘텐츠를 완성합니다. 그리고 유튜브에 업로드할 때에는 구독자가 모일 수 있도록 콘텐츠와 연관된 제목, 설명, 태그를 입력하고, 카테고리와 재생 목록을 선택한 후 콘텐츠를 업로드합니다.

▶ 동영상을 콘티대로 편집하고, 업로드하기

❶ '파워디렉터 12'를 활용하여 동영상을 편집합니다.

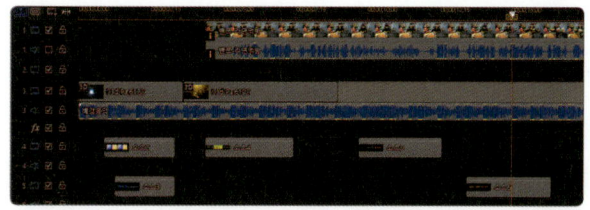

❶ '파워디렉터 12' 프로그램을 실행합니다.
❷ 동영상과 자막을 원하는 트랙 위치로 지정합니다.

❸ '미리보기' 창을 통해 동영상에 자막과 영상 효과가 적절하게 배치되었는지 확인해 봅니다.

❹ 동영상에 어울리는 효과를 찾아 적용해 봅니다.

❺ 재생되고 있는 동영상에 알맞게 자막의 재생 시간을 조절합니다.

❻ 동영상과 자막 내용이 어울리는지 확인합니다.

❼ 화면에서 자막이 표시될 위치를 생각하여 배치합니다.

❽ 유튜브에 업로드되어 있는 동영상들의 사진도 함께 삽입해 봅니다.

❷ 유튜브에 동영상을 업로드합니다.

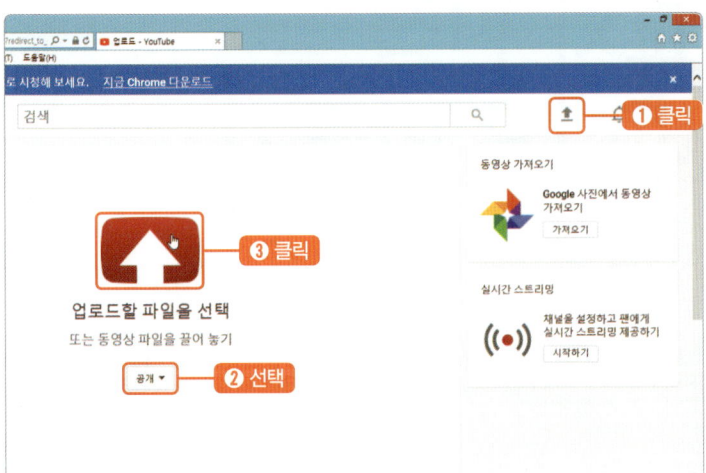

❶ 페이지 상단의 '업로드' 버튼을 클릭합니다.

❷ 업로드 유형을 '공개'로 설정합니다.

❸ '업로드할 파일을 선택'을 클릭합니다.

❹ '열기' 창이 열리면 업로드할 영상을 선택합니다.

● [기본 정보]에서 '제목', '설명', '태그'를 입력합니다.

❶ [고급 설정]을 클릭합니다.

❷ 필요한 옵션들을 설정합니다. 특히 '카테고리'는 동영상의 내용에 맞게 꼭 변경해야 합니다.

❸ 업로드된 동영상을 확인합니다.

Chapter 20

교차 편집 뮤직비디오 만들기

[유튜브 스타 되기 STEP 20]
1. 촬영 준비하기(기획서/콘티 작성)
2. 여러 개의 동영상이 한 영상처럼 보이게 교차 편집하기

▶ 핫핫 구독하기

여러 개의 동영상의 시작 위치를 맞춘 뒤, 각 동영상을 조각으로 나누어 잘라 낸 다음, 남아 있는 영상들을 합쳐 교차 편집 뮤직비디오를 만들어 봅니다.

1 촬영 준비하기(기획서/콘티 작성)

 동영상을 촬영하고 편집하기 전에 기획서와 콘티를 작성한 후, 추가 또는 삭제할 부분을 검토하는 것 잊지 않았죠?

▶ 콘텐츠 기획하기

❶ 촬영(편집) 기획서를 작성합니다.

교차 편집 영상 제작 기획서	
콘텐츠 제목	
시청 대상	
콘텐츠 소개	
콘텐츠 내용	
진행 방법	
자료 수집 경로	
준비물	

CHAPTER 20 교차 편집 뮤직비디오 만들기 _ 167

❷ 촬영(편집)의 흐름을 알 수 있는 콘티를 작성합니다.

교차 편집 콘티 작성
*그림 또는 그림과 글을 섞는 등 자유로운 형식으로 작성해 봅니다.

❸ 작업에 필요한 뮤직비디오 관련 동영상을 반디캠으로 녹화하기 위해 반디캠을 실행한 후 유튜브에 접속합니다. 이어서 필요한 동영상을 찾아 동영상을 클릭합니다.

❹ 상단 메뉴 중 [화면 녹화 모드]-[화면의 사각형 영역]을 클릭하여 동영상을 녹화할 영역을 설정한 후 오른쪽 상단의 'REC'를 클릭하여 녹화를 시작합니다.

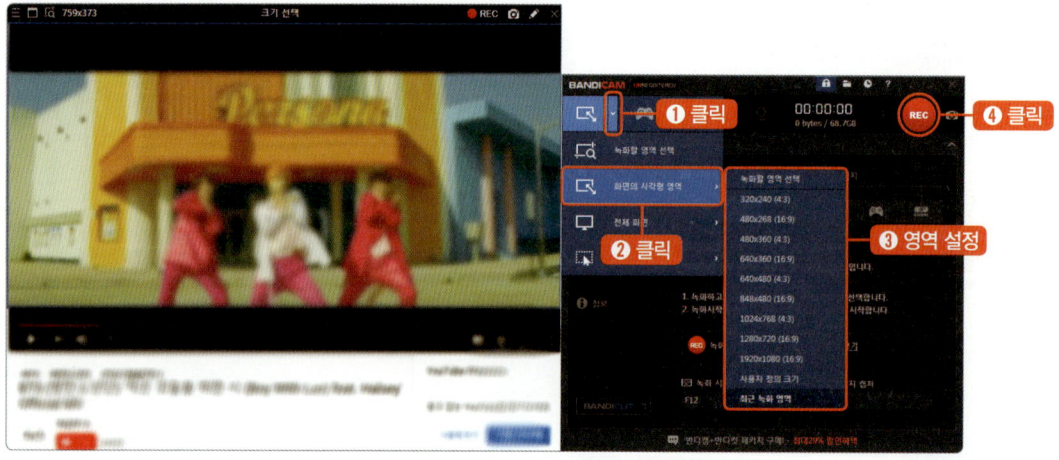

❺ [비디오] 메뉴 아래쪽의 비디오 경로를 클릭하면 녹화된 영상이 저장된 위치를 확인할 수 있습니다.

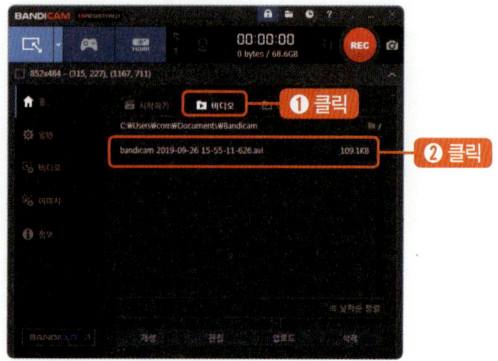

2 여러 개의 동영상이 한 동영상처럼 보이게 교차 편집하기

 크터 선생님! 세 가지 동영상을 활용하여 교차되게 편집하려면 어떻게 해야 하나요? 세 가지 소리가 한꺼번에 날텐데요…. 어떡하죠?

 교차 편집이란 여러 개의 영상을 부분적으로 잘라 내어 하나의 영상으로 만드는 것을 말해요. 여러 개의 동영상을 교차 편집할 때에는 음악 또는 동영상이 자연스럽게 이어져야 하므로 편집하는 과정이 까다로울 수 있다는 점 알아 두세요.

▶ 뮤직 비디오 교차 편집에 대해 알아보고 동영상 완성하기

❶ [미디어 룸]-[미디어 가져오기]를 클릭하여 사용할 동영상 3편을 모두 불러옵니다.
❷ 가져온 동영상을 트랙으로 이동시킵니다.

● 첫 번째 동영상에서 노래의 시작 위치를 알기 위해 나머지 동영상은 소리와 화면 트랙의 체크를 해제하여 비활성화시킵니다.

❶ 첫 번째 영상의 타임라인 막대를 움직여 보고 노래가 처음 시작하는 위치를 찾습니다.
❷ 위치를 찾으면 '미리보기' 창에서 시간을 확인합니다.

CHAPTER 20 교차 편집 뮤직비디오 만들기 _ **169**

❶ 첫 번째 동영상과 세 번째 동영상의 '화면'과 '소리' 트랙을 비활성화합니다.

❷ 두 번째 영상의 '화면'과 '소리' 트랙을 활성화합니다.

❶ 두 번째 동영상도 타임라인 막대를 움직여 보며, 노래가 처음 시작하는 위치를 찾습니다.

❷ 위치를 찾으면 '미리보기' 창에서 시간을 확인합니다.

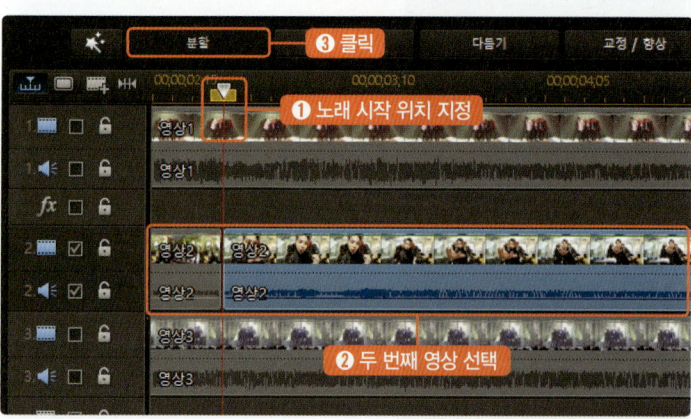

❶ 두 번째 동영상의 노래가 시작되는 위치를 지정합니다.

❷ 두 번째 동영상을 클릭합니다.

❸ '분할'을 클릭합니다.

❹ 동영상이 '분할'된 모습을 확인합니다.

❶ 분할된 동영상의 앞부분을 제거합니다.

❷ 두 번째 동영상을 클릭하여 첫 번째 동영상의 노래 시작 위치로 드래그합니다.

❸ 두 번째 동영상의 위치가 바뀐 것을 확인합니다.

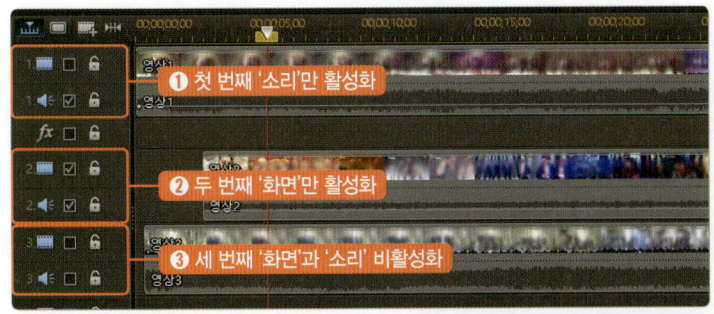

① 첫 번째 동영상은 '소리'만 활성화합니다.
② 두 번째 동영상은 '화면'과 소리를 모두 활성화합니다.
③ 세 번째 동영상은 '화면'과 '소리'를 모두 비활성화합니다.
④ '미리보기' 창에서 영상을 실행하여 첫 번째 영상의 노래가 두 번째 동영상의 안무와 맞는지 확인합니다.

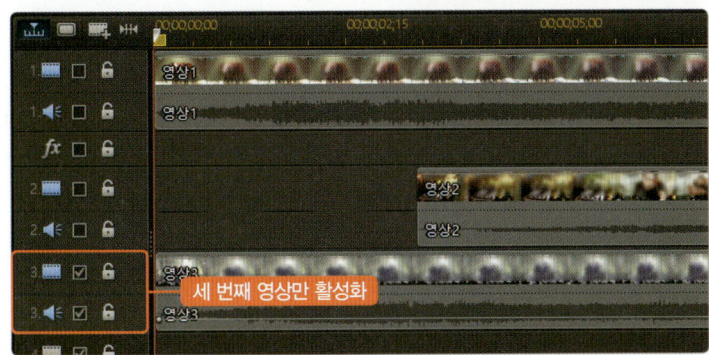

① 첫 번째와 두 번째 동영상의 '화면'과 '소리' 트랙을 비활성화합니다.
② 세 번째 동영상의 '화면'과 '소리' 트랙을 활성화합니다.

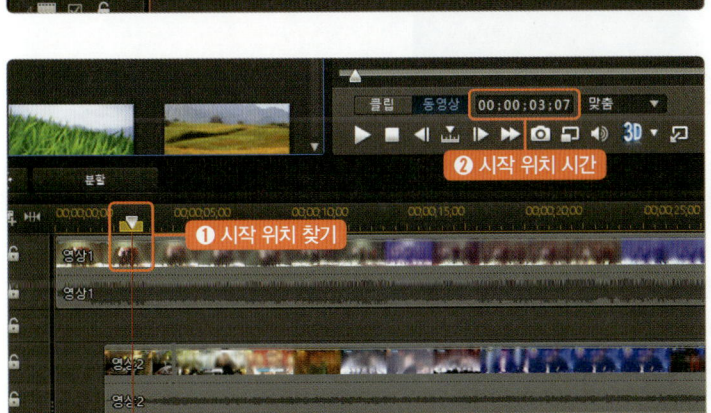

① 세 번째 동영상도 타임라인 막대를 움직여 보며 노래가 처음 시작하는 위치를 찾습니다.
② 위치를 찾으면 '미리보기' 창에서 시간을 확인합니다.

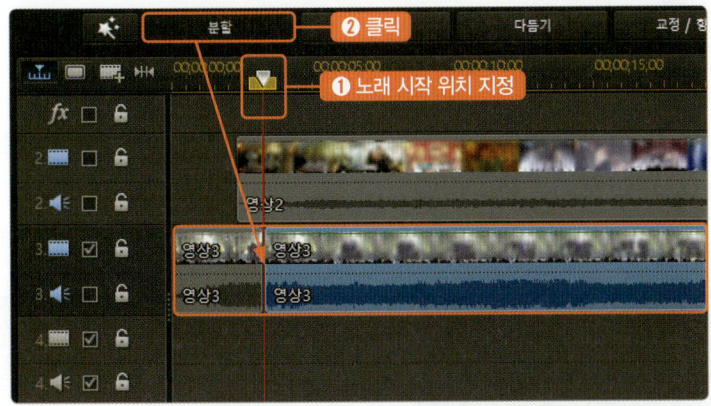

① 세 번째 동영상에서 노래가 처음 시작되는 위치에 타임라인 막대를 지정합니다.
② '분할'을 클릭하여 동영상을 잘라 냅니다.
③ 분할된 앞부분의 동영상을 제거합니다.

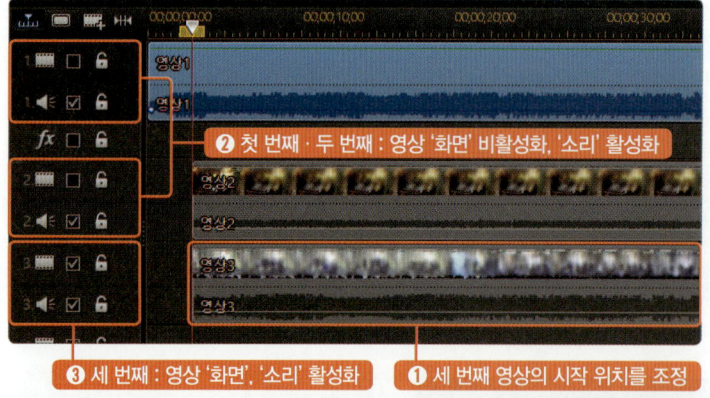

❶ 첫 번째 동영상에서 노래가 시작하는 위치로 세 번째 동영상을 이동시킵니다.

❷ 첫 번째, 두 번째 동영상의 '화면' 트랙은 비활성화 '소리' 트랙은 활성화합니다.

❸ 세 번째 동영상은 '화면', '소리' 트랙 모두 활성화합니다.

● 첫 번째, 두 번째, 세 번째 동영상의 소리를 동시에 재생했을 때 소리가 하나로 들리면 영상 배치가 완료된 것입니다.

❶ 첫 번째, 두 번째, 세 번째 동영상을 각각 클릭하여 마우스 오른쪽 버튼을 클릭합니다.

❷ 단축 메뉴가 나오면 [비디오와 오디오 링크 해제]를 클릭합니다.

❶ 첫 번째, 두 번째, 세 번째 영상을 보면서 분할하고 싶은 위치를 찾습니다.

❷ 위치를 찾으면 세 영상을 똑같은 위치에서 '분할'합니다.

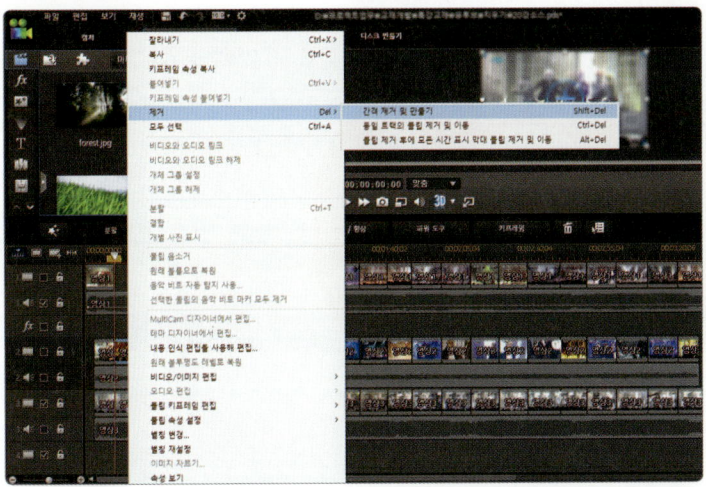

- 3개의 트랙 중 화면에 보여질 동영상을 제외한 동영상은 삭제합니다.
❶ 삭제할 동영상 위에서 마우스 오른쪽 버튼을 클릭합니다.
❷ 단축 메뉴가 나오면 [제거]–[간격 제거 및 만들기]를 클릭합니다.

- 첫 번째, 두 번째, 세 번째 동영상의 '소리' 트랙 중 마음에 드는 '소리'만 남겨 두고 다른 '소리'는 삭제합니다.

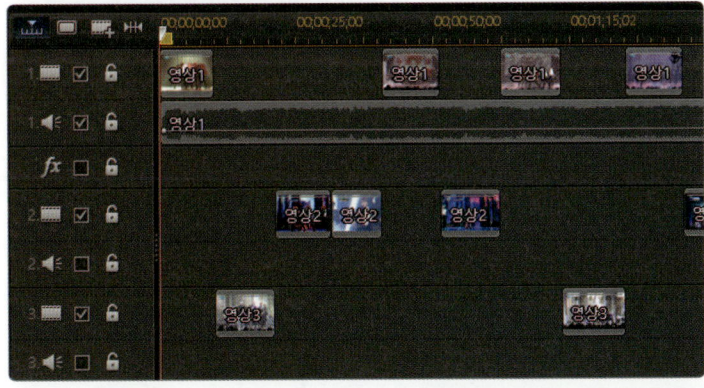

❶ 첫 번째, 두 번째, 세 번째 동영상의 '화면' 트랙을 활성화합니다.
❷ 동영상에서 안무의 움직임이 자연스러운지 확인합니다.
❸ 동영상으로 저장합니다.
❹ 동영상의 내 채널에 업로드합니다.

▲ 완성 결과 화면

CHAPTER 20 교차 편집 뮤직비디오 만들기 _ 173

Chapter 21

만화 동영상 만들기

[유튜브 스타 되기 STEP 21]
❶ 촬영 준비하기(기획서/콘티 작성)
❷ 〈마인월드의 왕자〉 만화 동영상 만들기
❸ 동영상을 편집하고, 업로드하기

▶ 핫핫 구독하기

파워포인트에서 Png 그림 파일을 이용하여 만화 영화를 만들고, 각 개체마다 애니메이션을 적용하여 동영상을 만들어 봅니다.

1 ▶ 촬영 준비하기(기획서/콘티 작성)

 동영상을 촬영하고 편집하기 전에 기획서와 콘티를 작성한 후, 추가 또는 삭제할 부분을 검토하는 거 잊지 않았죠?

▶ 콘텐츠 기획하기

❶ 촬영(편집) 기획서를 작성합니다.

만화 영화 제작 기획서	
콘텐츠 제목	
시청 대상	
콘텐츠 소개	
콘텐츠 내용	
진행 방법	
자료 수집 경로	
준비물	

CHAPTER 21 만화 동영상 만들기 _ 175

❷ 촬영(편집)의 흐름을 알 수 있는 콘티를 작성합니다.

만화 영화 콘티 작성
*그림 또는 그림과 글을 섞는 등 자유로운 형식으로 작성해 봅니다.

2 〈마인월드의 왕자〉 만화 동영상 만들기

크터 선생님! 만화 영화를 만들어 보고 싶어요!

파워포인트에는 애니메이션 효과나 일러스트레이션 등 그림 그리기에 좋은 기능이 많이 있습니다. 이러한 기능을 활용하면 간단한 만화 영화 정도는 쉽게 만들어 볼 수 있답니다.

▶ 파워포인트를 이용하여 만화 영화 만들기

▶예제 파일 : 21장 폴더

① 파워포인트를 실행하여 만화 영화를 만들어 봅니다.

만화 스토리 (예)	어느 날. 마인월드 성에 쌍둥이 형제가 태어났습니다. 5분 차이로 태어난 미남이와 초록이인데요. 이 두 형제가 태어나자 왕과 왕비는 경사가 났다며 매우 좋아했습니다. 어느덧 쌍둥이 형제는 자라서 '왕'의 자리에 오르게 되었습니다. 왕의 자리는 단 하나였는데요. 미남이가 형이라는 이유로 마인월드의 왕의 자리를 꿰찼고, 초록이는 동생이라는 이유로 궁전에서 쫓겨나게 되었습니다. 화가 난 초록이는 마녀에게 독사과를 받아 미남이에게 먹이려고 찾아갔고 미남이는 초록이가 건넨 독 사과를 먹고 깊은 잠에 빠졌습니다. 그리고 이내 초록이는 미남이를 아무도 찾지 못하는 숲 속 오두막집에 숨겨 버렸습니다. – 다음 편에 계속–

① 파워포인트를 실행합니다.

② [디자인]-[페이지 설정]을 클릭하여 슬라이드 크기를 'A4'로 지정합니다.

③ 슬라이드 레이아웃은 '빈 화면'으로 지정합니다.

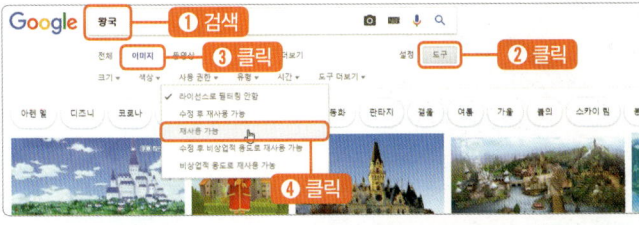

① '크롬'을 실행합니다.

② '왕국'을 검색해 봅니다.

③ [도구]-[이미지]-[사용권한]-[재사용 가능]을 클릭합니다.

① 마음에 드는 이미지를 선택합니다.

② 마우스 오른쪽 버튼을 클릭합니다.

③ [이미지를 다른 이름으로 저장]을 클릭합니다.

④ '저장 위치'와 '파일 이름'을 입력한 후 저장을 클릭합니다.

⑤ 그 외 필요한 배경도 다운로드합니다.

▶ 예제 파일 : 21장 폴더

① [삽입]-[이미지]-[그림]을 클릭하여 '왕국배경'과 '집중선'을 불러와 슬라이드 크기에 맞게 조절합니다.

② [삽입]-[텍스트]-[텍스트상자]를 이용하여 글 '응애'를 입력합니다.

③ 글자 서식을 변경합니다.

④ 글자와 배경의 모습은 자유롭게 표현합니다.

① [삽입]-[이미지]-[그림]을 클릭하여 등장인물을 만들어 봅니다.

② 등장인물을 모두 만든 다음, 등장인물 개체를 모두 선택해 그룹으로 지정해 놓습니다.

① 마우스 오른쪽 버튼을 클릭하여 [배경서식]-[채우기]-[단색 채우기]에서 색을 '빨강색'으로 지정합니다.

② [삽입]-[이미지]-[그림]을 클릭하여 [이미지 자료]에서 '집중선3'을 불러옵니다.

③ [삽입]-[텍스트]-[텍스트 상자]를 이용하여 글 '20년 후'를 입력합니다.

1. [삽입]-[이미지]-[그림]을 클릭하여 배경을 삽입합니다.
2. [이미지 자료]에서 집중선을 삽입합니다.
3. [등장인물제작] 폴더의 자료를 이용해 놀란 모습의 '초록이'를 만든 후, 그룹화합니다.
4. [삽입]-[일러스트레이션]-[도형]에서 '다각형'을 선택하여 '초록이'의 말풍선을 만들어 줍니다.

1. [삽입]-[이미지]-[그림]을 클릭하여 배경을 삽입합니다.
2. [등장인물제작] 폴더의 자료를 이용해 억울한 표정의 '초록이'를 만든 후, 그룹화합니다.
3. 말풍선을 이용하여 '초록이'의 대사를 입력합니다.

1. [삽입]-[이미지]-[그림]을 클릭하여 배경을 삽입합니다.
2. [등장인물제작] 폴더의 자료를 이용해 뚱한 표정의 '초록이'를 만든 후, 그룹화합니다.
3. 말풍선을 이용해 대사를 입력하고, 색상을 변경해 봅니다.
4. [삽입]-[이미지]-[그림]을 클릭하여 [이미지 자료] 폴더의 '마녀'를 삽입합니다.
5. [서식]-[배경제거]를 클릭하여 마녀의 흰색 배경을 제거합니다.

① 마우스 오른쪽 버튼을 클릭하여 [배경 서식]-[채우기]-[단색 채우기]에서 색을 '빨강색'으로 지정합니다.
② [삽입]-[이미지]-[그림]을 클릭하여 [이미지자료]에서 '집중선'을 불러옵니다.
③ [삽입]-[이미지]-[그림]을 클릭하여 [이미지자료] 폴더의 '사과'를 삽입합니다.
④ 말풍선을 이용하여 대사를 입력합니다.

① [삽입]-[이미지]-[그림]을 클릭하여 [이미지자료]에서 배경을 삽입합니다.
② [등장인물제작] 폴더의 자료를 이용해 억울한 표정의 '초록이'를 만든 후, 그룹화합니다.
③ 말풍선을 이용하여 대사를 입력합니다.

① [삽입]-[이미지]-[그림]을 클릭하여 [이미지자료]에서 배경을 삽입합니다.
② [등장인물제작] 폴더의 자료를 이용해 밝은 표정의 '미남이'와 음흉한 표정의 '초록이'를 만든 후, 각각 그룹화합니다.
③ '미남이'는 '왕관'과 함께 그룹화합니다.
④ '초록이'는 '사과'와 함께 그룹화합니다.
⑤ 말풍선을 이용하여 대사를 입력합니다.

❶ 마우스 오른쪽 버튼을 클릭하여 [배경 서식]-[채우기]-[단색 채우기]에서 색을 '회색'으로 지정합니다.

❷ [이미지자료]에서 집중선을 삽입합니다.

❸ [등장인물제작] 폴더의 자료를 이용해 넘어진 '미남이'를 만들고, '왕관'과 함께 그룹화합니다.

❹ [삽입]-[텍스트]-[텍스트상자]를 이용하여 글 '쿵'을 입력합니다.

❺ 말풍선을 이용하여 대사를 입력합니다.

❶ [삽입]-[이미지]-[그림]을 클릭하여 [이미지자료]에서 배경을 삽입합니다.

❷ [이미지자료]에서 집중선을 삽입합니다.

❸ [등장인물제작] 폴더의 자료를 이용해 사악한 표정의 '초록이'를 만든 후, 그룹화합니다.

❹ 말풍선을 이용하여 대사를 입력합니다.

❶ [삽입]-[이미지]-[그림]을 클릭하여 [이미지자료]에서 배경을 삽입합니다.

❷ [이미지자료]에서 집중선을 삽입합니다.

❸ [삽입]-[텍스트]-[텍스트상자]를 이용하여 글 '캬캬캬캬'를 입력합니다.

❹ 말풍선을 이용하여 대사를 입력합니다.

❺ 사각형을 이용하여 '다음에 계속'을 만듭니다.

❷ 개체(그림, 글자)에 애니메이션을 적용하는 방법을 알아봅니다.

• 애니메이션을 적용할 개체(집중선)를 선택합니다.

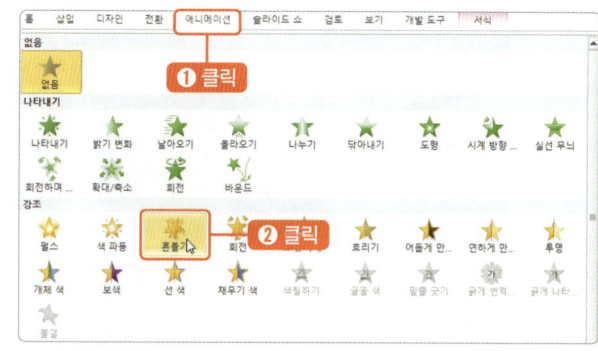

❶ 도구 메뉴 중 [애니메이션]을 클릭합니다.

❷ 집중선이 흔들리도록 [강조]-[흔들기]를 클릭합니다.

• '집중선'에 적용된 애니메이션의 옵션을 변경하기 위해 '애니메이션' 창을 클릭합니다.

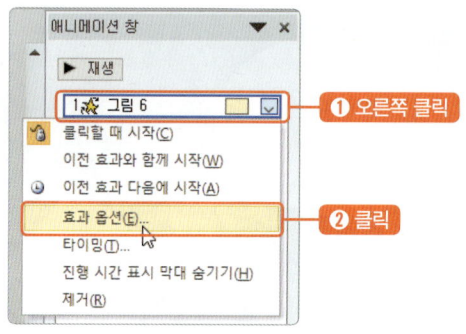

❶ 추가된 애니메이션에서 마우스 오른쪽 버튼을 클릭합니다.

❷ [효과 옵션]을 클릭하여 애니메이션의 옵션을 원하는 방식으로 수정해 봅니다.

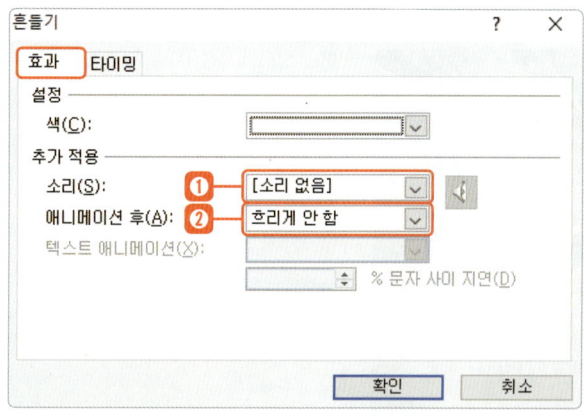

❶ [소리 없음]을 클릭하여 애니메이션 시 재생할 소리를 추가합니다.

❷ '흐리게 안 함'을 클릭하여 애니메이션 재생 후 개체를 어떻게 할지 결정합니다.

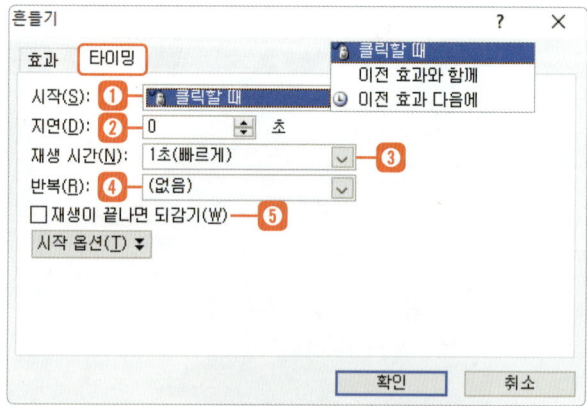

❶ 시작에서 애니메이션을 어떻게 실행할지 결정합니다.

❷ 애니메이션이 시작되기 전 지연 시간을 적용해 봅니다.

❸ 재생 시간을 선택합니다.

❹ 애니메이션을 몇 번 반복할지 결정합니다.

❺ 애니메이션을 계속 반복시킬지를 체크로 결정합니다.

❸ 다음의 내용을 참고하여 각 개체의 애니메이션을 상황에 어울리도록 지정해 봅니다.

애니메이션 적용 예		
애니메이션 적용 순서		1. 집중선 2. 등장인물 3. 말풍선
애니메이션 추가	집중선	강조 : 흔들기
	텍스트	나타내기 : 확대/축소
	등장인물	나타내기 : 날아오기 (방향 선택)
	말풍선	나타내기 : 닦아내기
화면 전환		자유롭게
음성		대사 음성은 직접 녹음하여 추가합니다. (9장 참고)
기타		애니메이션의 시작 시간은 자유롭게 지정합니다. Tip '이전 효과와 함께'를 사용하면 집중선이 흔들리면서 말풍선을 함께 표시할 수 있습니다.

❹ 완성한 파일을 동영상으로 저장한 후, 유튜브에 업로드해 봅니다.

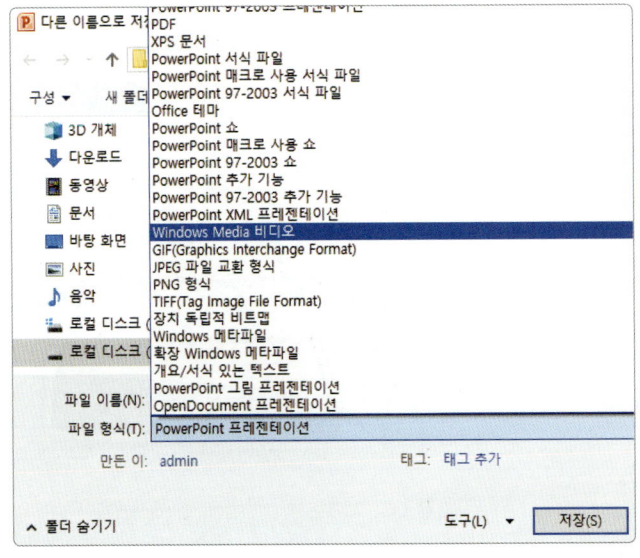

❶ [파일]-[다른 이름으로 저장]을 클릭합니다.

❷ '파일 이름'을 입력한 후, '파일 형식'을 'Windows Media 비디오'로 저장합니다.

❸ 추후 배경 음악과, 대사를 녹음하여 동영상에 추가해 봅니다.

❹ 영상 소리까지 넣어 동영상이 완성되면 유튜브에 업로드합니다.

Chapter 22

재미있는 게임 티저 만들기

[유튜브 스타 되기 STEP 22]
① 촬영 준비하기(기획서/콘티 작성)
② 게임 영상을 촬영하기
③ 음성 변환 사이트에서 성우 목소리 녹음하기
④ 동영상을 편집하고, 업로드하기

▶ 핫핫 구독하기

음성 변환 사이트에서 원하는 음성을 텍스트로 기록한 후, 반디캠을 이용하여 저장하는 방법에 대해 알아봅니다. 그리고 녹음한 음성을 영상에 적용한 후, 게임 티저를 완성해 봅니다.

1. 촬영 준비하기(기획서/콘티 작성)

동영상을 촬영하고 편집하기 전에 기획서와 콘티를 작성한 후, 추가 또는 삭제할 부분을 검토하는 것 잊지 않았죠?

▶ 콘텐츠 기획하기

❶ 촬영(편집) 기획서를 작성합니다.

게임 티저 제작 기획서	
콘텐츠 제목	
시청 대상	
콘텐츠 소개	
콘텐츠 내용	
진행 방법	
자료 수집 경로	
준비물	

❷ 촬영(편집)의 흐름을 알 수 있는 콘티를 작성합니다.

게임 티저 콘티 작성
*그림 또는 그림과 글을 섞는 등 자유로운 형식으로 작성해 봅니다.

2 게임 영상 촬영하기

 크터 선생님! 저도 '대도서관'이나 '양띵'처럼 멋진 게임 유튜버가 되고 싶어요! 우선 채널 티저 동영상을 찍고 싶은데요. 어떻게 찍어야 하죠?

 우선, 주의할 점이 있어요. 게임 티저를 만든다는 이유로 게임에 푹 빠져버리면 안 되겠죠? 동영상을 한번에 풀 버전으로 촬영해도 좋고, 필요한 부분만 나누어 촬영해도 좋습니다. 한번에 촬영하게 되면 편집할 때 필요한 동영상만 분할해서 사용하면 됩니다.

▶ '반디캠'으로 촬영하기

1 게임하는 영상을 찍어 봅니다.

❶ 게임 프로그램을 실행합니다.

❷ 반디캠 프로그램을 실행합니다.

❸ 영역 조절점을 드래그하여 촬영할 영역을 지정합니다.

❶ 게임하면서 동시에 동영상 촬영을 진행합니다.

CHAPTER 22 재미있는 게임 티저 만들기 _ **187**

3 ▶ 음성 변환 사이트에서 성우 목소리 녹음하기

크터 선생님! 쑥스러워서 동영상에 저의 원래 목소리를 못 넣겠어요! 다른 방법이 없을까요?

동영상에 자신의 목소리를 녹음한 다음, '스마트폰'에서 변환하여 넣는 방법이 있어요. 만약 '스마트폰'이 없는 친구들은 앱을 사용하는 것이 어려울 거예요. 이럴 때에는 인터넷의 음성 변환 사이트를 활용하면 됩니다.

▶ 동영상에 음성 넣는 방법 알기

❶ 음성 변환 사이트에 접속합니다.

주소   https://www.ttsdemo.com/

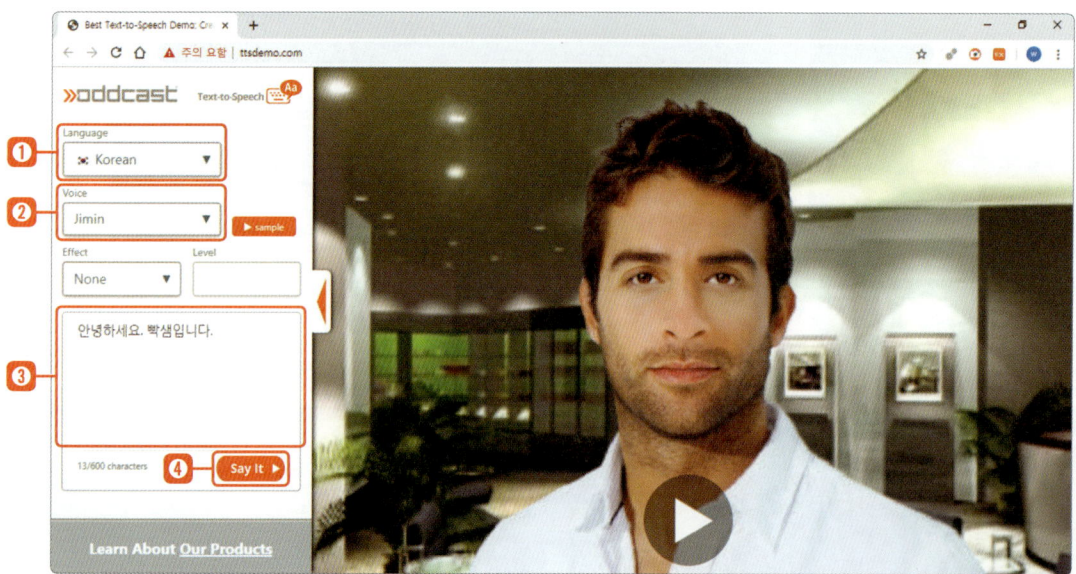

❶ 사용 언어를 선택합니다.
❷ 사용 목소리를 선택합니다.
❸ 변환할 텍스트를 입력합니다.
❹ 텍스트를 음성으로 변환하여 들려 줍니다.

❷ 변환한 음성을 저장해 봅니다. (P.192 - ❹ 참고)

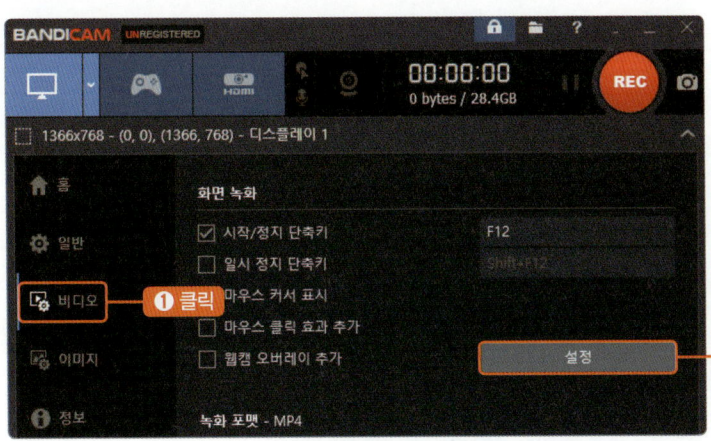

❶ '오드캐스트'에서 변환한 텍스트 음성을 저장하기 위해 '반디캠'을 실행합니다.

❷ 왼쪽 메뉴 중 [비디오]를 클릭합니다.

❸ [설정]을 클릭합니다.

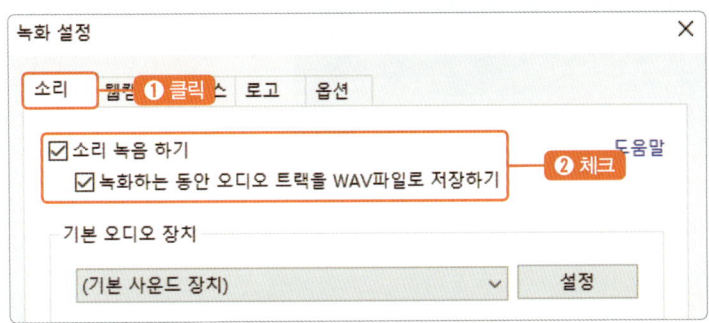

❶ '소리' 탭을 클릭합니다.

❷ '소리 녹음하기'를 체크합니다.

❸ '녹음하는 동안 오디오 트랙을 WAV파일로 저장하기'를 체크합니다. 이렇게 체크를 해 놓으면 녹화 시 음성파일은 따로 반디캠 폴더에 저장됩니다.

❶ '반디캠'의 녹화버튼(F12)을 먼저 클릭합니다.

❷ 입력해 둔 '오드캐스트'에서 [Say It] 버튼을 클릭합니다.

❸ '오드캐스트'에서 음성을 다 읽으면 [녹화버튼(F12)]을 눌러 녹화를 정지합니다.

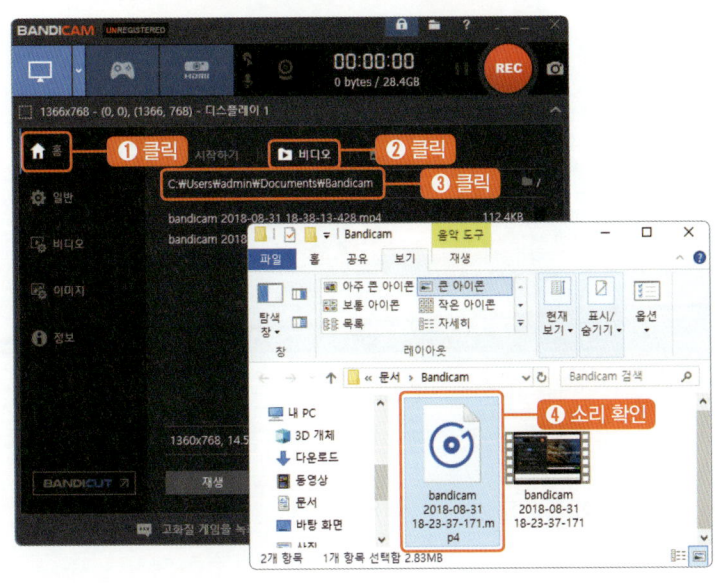

❶ 왼쪽 메뉴 중 [홈]을 클릭합니다.

❷ 오른쪽 메뉴 중 '비디오'를 클릭합니다.

❸ 반디캠 폴더의 '저장 경로'를 클릭합니다.

❹ 경로가 열리면 저장된 '음성' 파일을 확인합니다.

❺ 음성 파일의 앞부분에 소리가 안 나는 부분은 영상 편집 시 잘라 내고 사용하면 됩니다.

CHAPTER 22 재미있는 게임 티저 만들기

4 ▶ 동영상을 편집하고, 업로드하기

❶ 게임 티저 동영상을 편집해 봅니다.

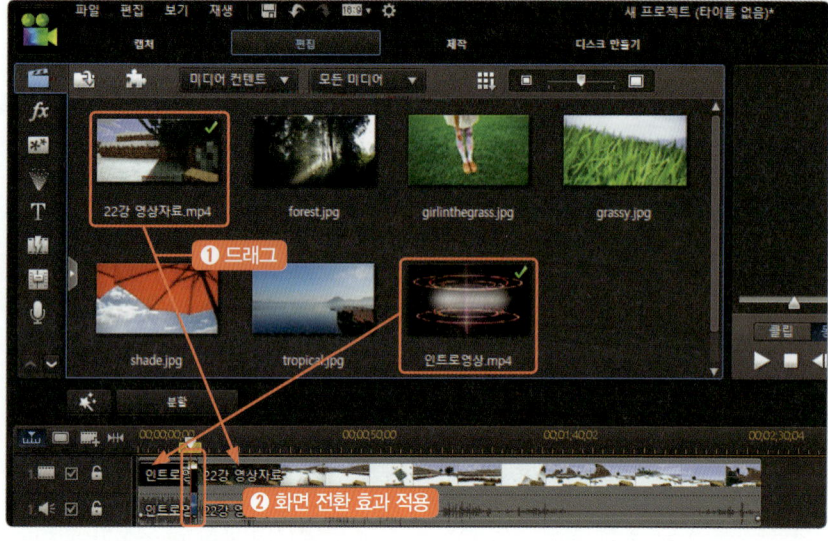

❶ [미디어 룸]-[미디어 가져오기]를 클릭하여 [영상 자료] 폴더에서 '인트로 영상'과 '촬영한 영상'을 불러옵니다.

❷ 불러온 동영상들을 하나의 트랙으로 이동시킵니다.

❸ [전환 룸]의 '라이브러리'를 이용하여 '화면 전환' 효과를 추가합니다.

❶ '소리' 트랙에서 영상의 소리 조절점을 클릭하여 아래쪽으로 드래그합니다.

❷ 조절점이 트랙의 아래로 내려 갈수록 영상의 소리가 작아집니다.

❸ 이후에 추가할 음성 파일과 비교하며 소리를 조절해 봅니다.

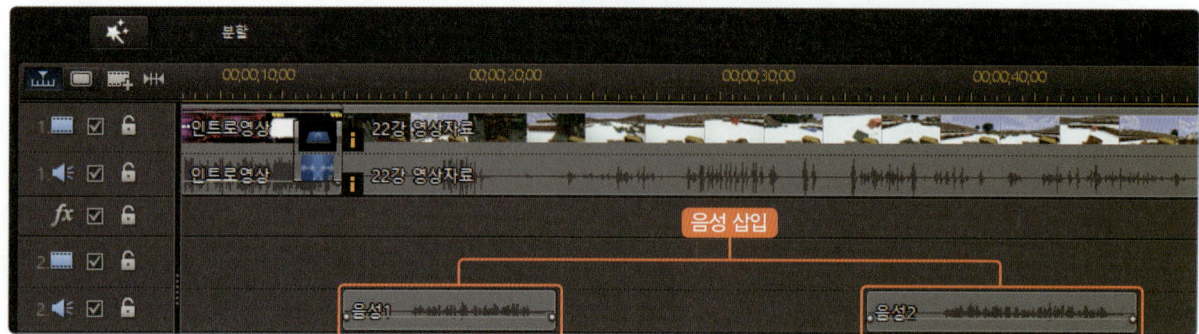

❶ '미리보기' 창에서 영상을 확인하며 음성이 필요한 위치에 음성 파일을 드래그합니다.

❷ 반티캠 폴더에 저장된 음성 파일을 트랙으로 이동한 후 실행하여 영상과 음성이 잘 어울리는지 확인합니다.

● 음성의 음량을 최대로 높여 줍니다.

① [타이틀 룸] 라이브러리에서 '기본'을 선택하여 자막을 작성합니다.

② '자막'의 글자 서식과 '모션'을 추가합니다.

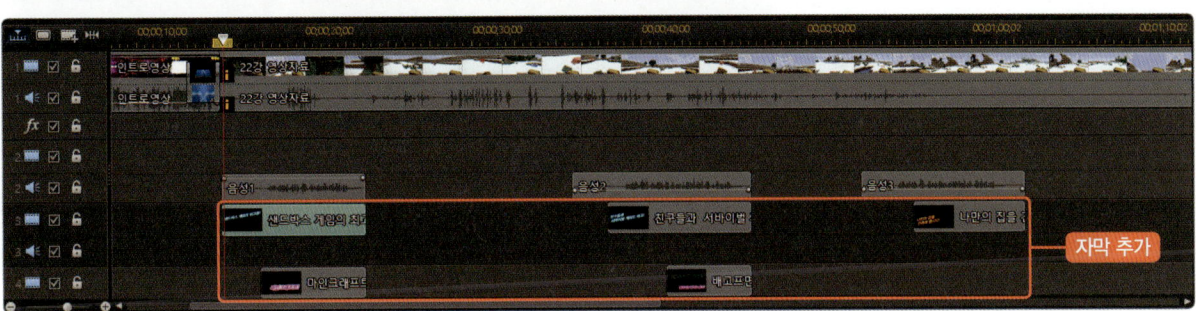

❷ 동영상에 알맞는 자막도 추가로 편집해 봅니다.

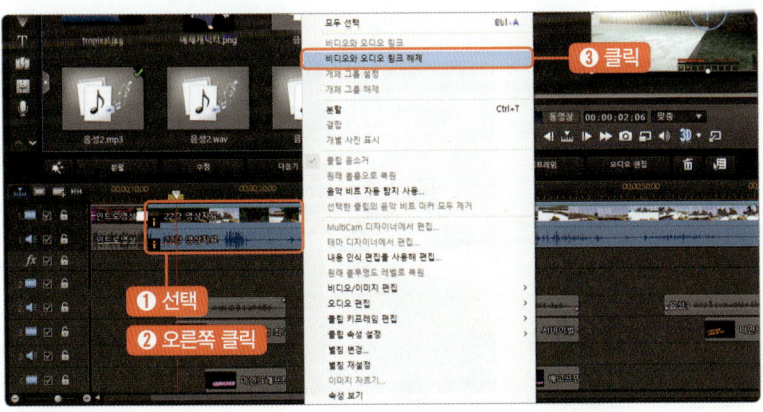

① 동영상에 포함되어 있는 배경 소리를 제거하기 위해 영상을 선택한 후, 마우스 오른쪽 버튼을 클릭합니다.

② 단축 메뉴가 나오면 '비디오와 오디오 링크 해제'를 클릭하여 묶여 있던 동영상과 소리 트랙을 나눕니다.

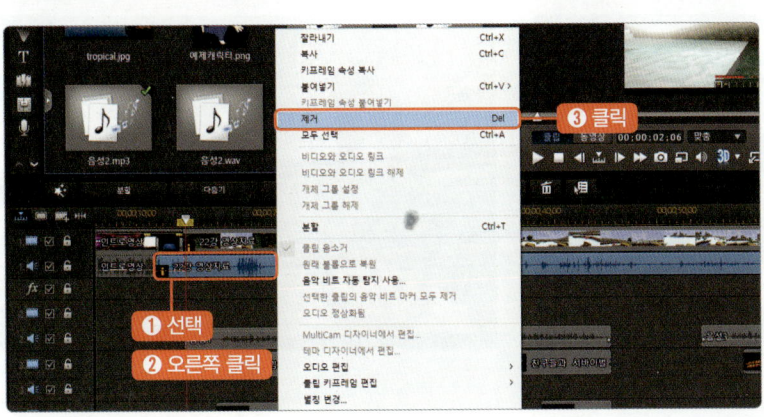

① 동영상과 나눈 배경 소리를 삭제하기 위해 나눈 배경 소리를 선택하고, 마우스 오른쪽 버튼을 클릭합니다.

② 제거를 클릭합니다.

③ [미디어 룸]-[미디어 가져오기]를 클릭하여 배경 음악을 가져옵니다.

④ 사라진 배경소리 위치에 배경 음악을 드래그 한 후, 배경 음악의 타임라인을 조절합니다.

CHAPTER 22 재미있는 게임 티저 만들기 _ **191**

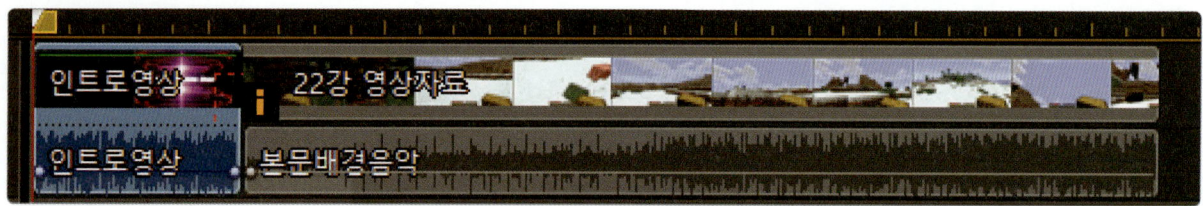

❸ [입자 룸]의 효과로 동영상에 화려함 더하기

❹ 동영상을 저장하고, 유튜브에 업로드하기

Chapter 23

귀여운 동물 짤방 만들기

[유튜브 스타 되기 STEP 23]
1. 촬영 준비하기(기획서/콘티 작성)
2. 실감 나는 자막 만들기

▶ 핫핫 구독하기

동영상을 분할하고, 분할한 영상의 화면 크기를 확대 또는 축소하는 방법에 대해 알아봅니다. 그리고 이러한 방법을 이용하여 동물 짤방을 완성해 봅니다.

1 촬영 준비하기(기획서/콘티 작성)

동영상을 촬영하고 편집하기 전에 기획서와 콘티를 작성한 후, 추가 또는 삭제할 부분을 검토하는 것 잊지 않았죠?

▶ 콘텐츠 기획하기

❶ 촬영(편집) 기획서를 작성합니다.

동물 짤방 제작 기획서	
콘텐츠 제목	
시청 대상	
콘텐츠 소개	
콘텐츠 내용	
진행 방법	
자료 수집 경로	
준비물	

❷ 촬영(편집)의 흐름을 알 수 있는 콘티를 작성합니다.

동물 짤방 콘티 작성
*그림 또는 그림과 글을 섞는 등 자유로운 형식으로 작성해 봅니다.

2 실감 나는 자막 만들기

동물이 정말로 말하는 것 같은 느낌으로 자막을 만들고 싶어요!
크터 선생님! 어떻게 하면 될까요?

동물들의 이야기를 엿들어 볼까요? 말풍선을 활용하면 영상 속 인물이 말하는 장면을 만들 수 있답니다.

▶ **PiP 개체 말풍선으로 대화 내용 만들기** ▶예제 파일 : 23장 폴더

❶ 동영상을 다운로드하고, 말하는 장면 편집하기 (P.200-❷ 참고)

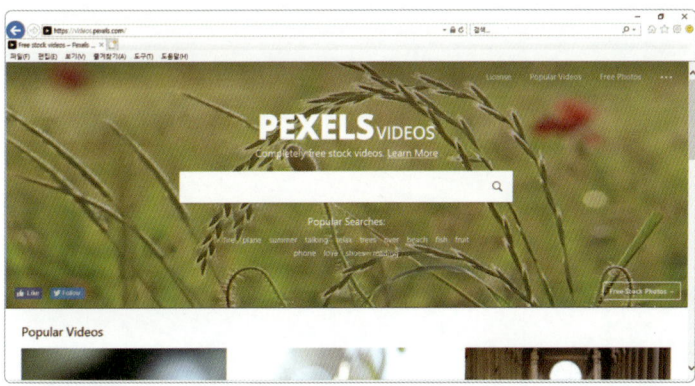

❶ 무료 동영상 사이트(https://videos.pexels.com/)에 접속합니다.
❷ 원하는 동물 영상을 검색합니다.
❸ 선택한 동영상을 [Free Download]를 클릭하여 다운로드합니다.
❹ 저장 위치를 기억합니다.

❶ [미디어 룸]–[미디어 가져오기]에서 다운로드한 동물 영상을 불러옵니다.
❷ 다운로드한 동영상을 트랙으로 드래그합니다.

❶ 특정 구간의 동영상을 확대하기 위해 동영상을 분할합니다.
❷ 분할한 동영상을 아래쪽 트랙으로 이동시킵니다. (같은 트랙에 놓고 분할해도 됩니다.)

● 분할하여 이동한 동영상을 드래그하여 크기를 확대합니다.

● 동영상을 드래그하여 화면 위치를 가운데로 조절합니다.

알아 두면 좋아요

▲ 동영상 확대 전   ▲ 동영상 확대 후

❶ 동영상의 확대 전 모습과 확대 후 모습을 비교합니다.
❷ 확대 동영상은 기존 동영상과 다른 느낌을 줄 때 사용하면 좋습니다.

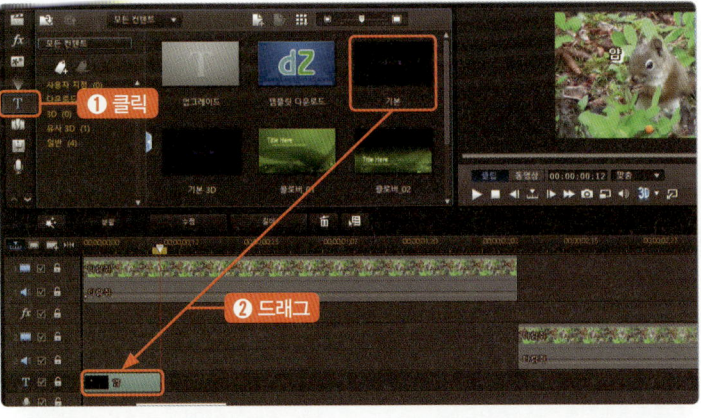

● [타이틀 룸]-[기본]으로 '얌' 자막을 작성합니다.

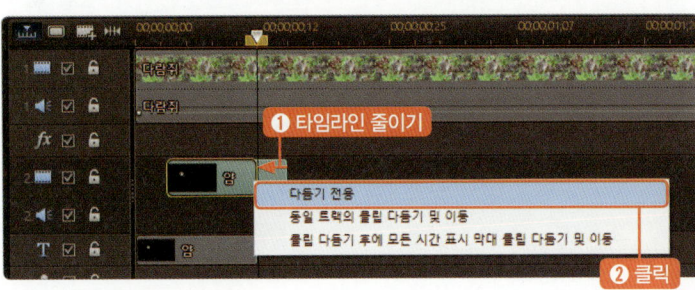

❶ '얌' 텍스트를 복사하여 '2번' 트랙에 붙여 넣습니다.
❷ 두 번째 '얌' 텍스트를 첫 번째 '얌' 텍스트의 타임라인과 동일하게 맞춥니다.
❸ 타임라인을 맞출 때 단축 메뉴가 나오면 '다듬기 전용'으로 클릭합니다.
❹ 두 번째 '얌' 텍스트의 위치를 변경합니다.

CHAPTER 23 귀여운 동물 짤방 만들기 _ **197**

● 두 번째 '얌' 텍스트의 위치를 변경합니다.

알아 두면 좋아요

① 다듬기 전용
② 동일 트랙의 클립 다듬기 및 이동
③ 클립 다듬기 후에 모든 시간 표시 막대 클립 다듬기 및 이동

① **다듬기 전용** : 해당 동영상의 타임라인만 줄어들고 다른 영상이나 효과, 자막에는 영향을 주지 않습니다.

② **동일 트랙의 클립 다듬기 및 이동** : 해당하는 트랙의 동영상 타임라인에 영향을 줍니다.

③ **클립 다듬기 후에 모든 시간 표시 막대 클립 다듬기 및 이동** : 모든 트랙의 타임라인에 영향을 줍니다.

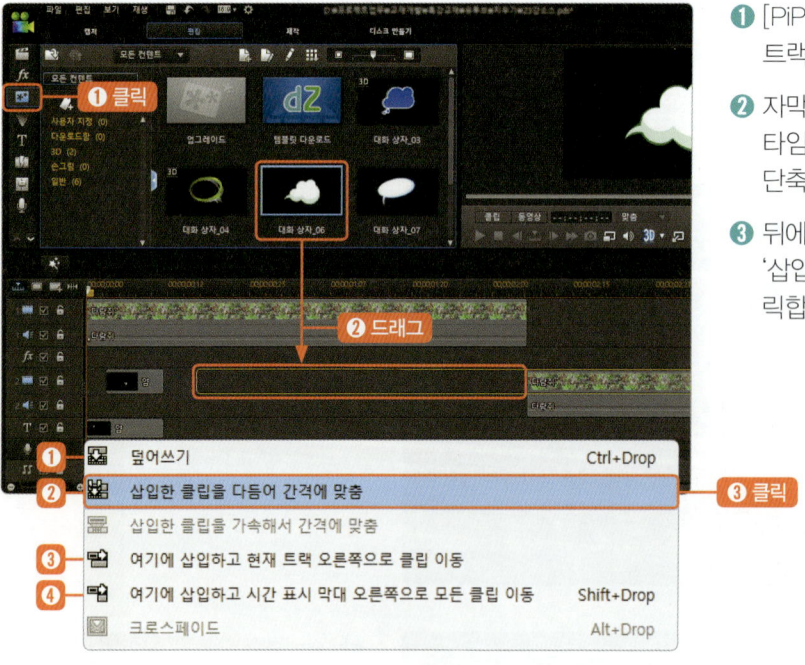

① [PiP 개체 룸]에서 '구름' 개체 말풍선을 트랙으로 드래그합니다.

② 자막과 영상 사이의 트랙의 길이가 말풍선 타임라인보다 짧아 어떻게 할 건지 묻는 단축 메뉴가 나옵니다.

③ 뒤에 있는 영상에 영향을 주지 않기 위해 '삽입한 클립을 다듬어 간격에 맞춤'을 클릭합니다.

① '구름' 개체 뒤의 동영상에 영향을 줍니다.

② '구름' 개체 뒤의 동영상에 영향을 주지 않고, 빈 공간에 맞춰 '구름' 개체 말풍선의 타임라인이 조절됩니다.

③ '구름' 개체 뒤의 동영상이 '구름' 개체 타임라인만큼 뒤로 밀려 납니다.

④ 모든 트랙의 영상이 '구름' 개체 타임라인 만큼 뒤로 밀려 납니다.

① 타임라인에 추가 [비디오/오디오 트랙 추가]를 클릭합니다.

② 트랙 2 아래 '비디오' 트랙을 추가합니다.

① '구름' 개체의 타임라인을 조절합니다.

② [타이틀 룸]-[기본]을 트랙에 추가하고 더블클릭하여 '타이틀 디자이너'가 열리면 대사를 적습니다.

③ 글 서식을 변경합니다.

④ 이와 같은 방법으로 자막을 생성합니다.

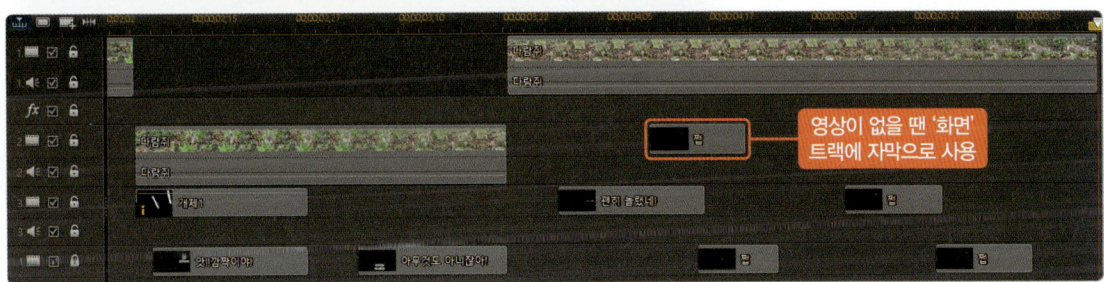

▲ 자막 완성 장면

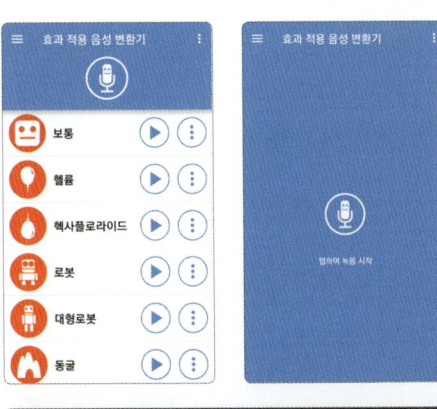

① 음성 변환 앱을 이용하여 다람쥐의 대사를 녹음합니다.

② 동영상에 음성을 추가합니다.

▲ 영상 완성 장면

CHAPTER 23 귀여운 동물 짤방 만들기 _ 199

❷ 편집이 완료되면 동영상으로 제작한 후, 유튜브에 업로드합니다.

Chapter 24
공익 광고 만들기

[유튜브 스타 되기 STEP 24]
❶ 촬영 준비하기(기획서/콘티 작성)
❷ 친구들과 함께 동영상 만들기

▶ 핫핫 구독하기

카메라의 앵글에 대해 알아보고, 어떻게 영상을 찍으면 내용을 더 잘 나타낼 수 있을지 친구들과 의논하여 공익 광고 콘텐츠를 완성해 봅니다.

1 촬영 준비하기(기획서/콘티 작성)

친구들과 함께 공익 광고를 만들어 보세요. 동영상을 촬영하고 편집하기 전에 기획서와 대본을 작성한 후, 추가 또는 삭제할 부분을 검토하는 것 잊지 않았죠? 떠올린 생각을 함께 공유해 보도록 해요.

▶ 콘텐츠 기획하기

❶ 촬영(편집) 기획서를 작성합니다.

공익 광고 제작 기획서	
콘텐츠 제목	
시청 대상	
콘텐츠 소개	
콘텐츠 내용	
진행 방법	
자료 수집 경로	
준비물	

❷ 촬영(편집)의 흐름을 알 수 있는 콘티를 작성합니다.

공익 광고 콘티 작성
*그림 또는 그림과 글을 섞는 등 자유로운 형식으로 작성해 봅니다.

2　동영상 장면에 대한 의견 나누기

크터 선생님! 친구들과 함께 동영상을 촬영하려고 하는데요. 카메라의 각도에 따라 분위기가 바뀐다는 설명을 들었어요.

동영상을 촬영할 때 어떤 각도에서 동영상을 촬영하는가에 따라 표현하고자 하는 내용이 잘 전달될 수도 있고 그렇지 않을 수도 있습니다. 예시를 통해 촬영 각도의 중요성을 배운 후, 친구들과 동영상을 촬영하고 편집해서 유튜브에 업로드해 보기로 해요.

▶ 앵글 각도에 대해 알아보기

공익 광고 예 스마트폰 중독의 위험성	
촬영 내용	[장면 1] 스마트폰을 열심히 쳐다보며 걷는 학생 [장면 2] 신호등 앞에 선 학생 [장면 3] 신호등이 바뀌었는데도 학생은 스마트폰만 하고 있음 [장면 4] 신호등이 깜박거릴 때가 되서야 신호가 바뀐 것을 알아차린 학생 [장면 5] 횡단보도를 건너려고 발을 떼는 학생 [장면 6] 급하게 달려오던 덤프트럭에 놀라는 학생 [장면 7] "내 눈앞을 가리는 스마트폰! 당신의 목숨을 위협할 수 있습니다." 문구를 띄움

❶ [장면 1] 스마트폰을 열심히 쳐다보며 걷는 학생이 있다.

▲ 전체 인물을 찍은 앵글

▲ 스마트폰을 보고 있는 학생만 찍은 앵글

함께 뿜뿜
● 스마트폰만 바라보고 있는 학생의 위험성을 알리려면 어떤 앵글이 더 좋을까요?

❷ **[장면 2]** 신호등 앞에 선 학생

▲ 신호등 앞에 서 있는 모습 앵글

▲ 신호등 앞에 선 학생의 발 모습 앵글

함께 뿜뿜

- 어떤 앵글을 사용하는 것이 [장면 2]의 내용을 표현하는 데 좋을까요?

- 두 앵글을 섞어서 사용해 보는 건 어떨까요?

❸ **[장면 3]** 학생은 신호등이 바뀌었는데도 스마트폰만 하고 있음

▲ 신호등과 아이를 한 장면에 찍은 앵글

▲ 신호등과 학생을 따로 나누어 찍은 앵글

함께 뿜뿜

- 어떤 앵글에서 신호등이 더 잘 보이나요?

❹ **[장면 4]** 신호등이 깜박거릴 때가 되서야 신호가 바뀐 것을 알아차린 학생

▲ 신호등과 학생을 함께 찍은 앵글

▲ 신호등과 학생을 나누어 찍은 앵글

함께 뿜뿜
- 신호등 앞에서 스마트폰을 하는 학생의 위험한 모습이 더 잘 나타난 앵글은 어느 쪽인가요?

❺ **[장면 5]** 횡단보도를 건너려고 발을 떼는 학생

▲ 걸음을 옮기는 학생과 빨간불 신호등을 찍은 앵글

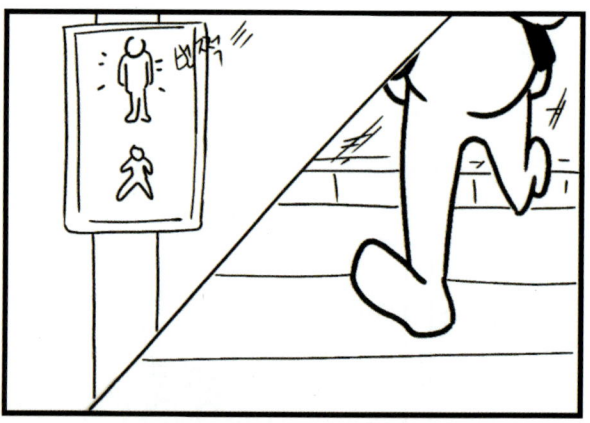
▲ 발걸음과 빨간불을 따로 찍은 앵글

함께 뿜뿜
- 신호등이 빨간불로 바뀌었는데도 그것을 알아차리지 못한 느낌을 주는 앵글은 어느 쪽인가요?

❻ **[장면 6]** 급하게 달려오던 덤프트럭에 놀라는 학생

▲ 학생이 덤프트럭에 놀라는 모습의 앵글　　　　▲ 급정거하는 덤프트럭과 놀라는 모습을 따로 찍은 앵글

함께 뿜뿜
- 두 앵글 중 긴급한 모습이 더 잘 나타난 앵글은 어느 쪽인가요?

❼ **[장면 7]** "내 눈앞을 가리는 스마트폰! 당신의 목숨을 위협할 수 있습니다."라는 문구를 띄웁니다.

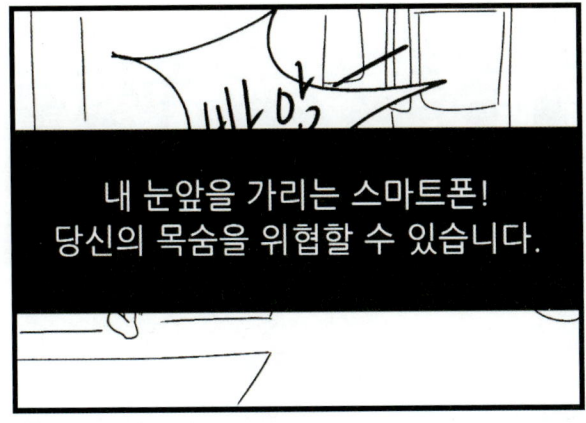

알아 두면 좋아요

❶ 학습한 내용 외에 하이 앵글, 로우 앵글 등 여러 각도가 있습니다.
❷ 어떤 각도를 영상에 담느냐에 따라 영상의 표현이 달라집니다.
❸ 그동안 학습한 내용과 앵글 위치에 따른 촬영 기법을 연습해 더욱 멋진 콘텐츠를 만들어 봅니다.

❽ 앵글의 위치를 알아봅니다.

▲ 로우 앵글 1　　　　　　　　　　　　　　▲ 로우 앵글 2

▲ 하이 앵글 1　　　　　　　　　　　　　　▲ 하이 앵글 2

▲ 아이레벨 앵글 1　　　　　　　　　　　　▲ 아이레벨 앵글 2

- **로우 앵글** : 낮은 곳에서 높은 곳을 찍을 때 사용합니다. 길이나 원근감을 표현하거나 강조하고 싶은 건물을 더욱 크게 표현할 수 있습니다.
- **하이 앵글** : 높은 곳에서 낮은 곳을 찍을 때 사용합니다. 동영상에 도시 전체를 담을 때 사용하거나 사람을 위에서 아래로 내려 볼 때 사용합니다.
- **아이레벨 앵글** : 사람의 눈높이로 촬영하는 것을 의미합니다. 촬영하는 사람이 편하게 촬영할 수 있습니다.